森の開発と神々の闘争

改訂増補版

屋久島の環境民俗学

中島成久

明石書店

安房斫伐所山神祭、大正 14 年（屋久島自然保全センター提供）

改訂増補版序文

旧版の序章で私は、「徹底的に自己にこだわる。それは文学的な自己ではなく、共同主観的な自己の普遍性を明らかにする」と述べた。旧版出版後、いろんな人と面会する機会があったが、安房《あんぼう》の高田久夫さんに、土埋木《どまいぼく》集材事業のことを伺ううちに、私の父が、安房前岳の一つである中島権現岳の名前の由来であったことを知らされ、驚いてしまった。同じ話は私の叔父からも聞いていたのだが、その当時はあまり信憑性のある話だとは思っていなかった。

私の父は世代的には祖父の世代に属する。私の父方の親せき筋で、お互いに「いとこ」と呼び合っている同世代の数人は、親族関係でいうと、いとこではなく、私の「おい、めい」になる。それはともかく、長く営林署に勤務していた父は、終戦後から屋久スギ伐採の最盛期の時代に、安房にあった下屋久営林署のかなり高い地位にいた(その役職は分からない、たぶん出納長ではなかったか)。

父は自分の家族には冷たかったが、周囲の人にはめっぽう気前のいい男で、周囲から「旦那さん、旦那さん」と呼ばれて得意がっていた。「旦那さん」と呼ばれないと気分を害していたそうだ。

私のもっとも古い記憶の一つは、小杉谷から屋久スギを満載したトロッコ(トロ)に乗って、安房まで下りて行ったことである。急峻な断崖をブレーキ一本の制動で進むトロッコのスピード感と一歩間違えれば奈落に落ちてしまう危険性のスリル感を子ども心に体感した。そんな私の楽しみを知った父は、よく私を小杉谷に連れて行った。

そのころが彼の全盛時代で、周囲から「旦那さん、なかしまの旦那さん」と呼ばれていることを、父の死後四〇年以上も経って知ることになった。屋久スギ伐採に従事する営林署の現場職員や伐採労働者たちは、父の機嫌を取るために、また頭の禿げた彼をからかうために、「旦那さん、権現さん、なかしまの権現さん」と呼んだ。

現在、中島権現岳と呼ばれている標高六四七メートルのその山は、以前は単に権現山と呼ばれていた。花崗岩が露出した屋久島特有のその山頂部の恰好が、頭の禿げた旦那さんにそっくりなため、いつしか「中島権現岳」としての呼称が定着し、現在に至っている。『屋久島の山岳』（南方新社）を書いた登山家の太田五男さんもこの事実を知らなかったが、私がここで書こうとしているのは、そうしたある山の名前の由来を記すことではない。

私の人生は父親との闘いの人生であった。心理学的な意味でのコンプレックス（感情複合）の中心は、不在の彼との距離をいかにとるかということに終始してきたといえる。自分の息子が一九歳になり、やっと子育てから解放された今――といっても金銭上の援助はまだ続くが――、自分の父親に正対できるようになった。

二〇一〇年八月X日

私の屋久島の家を間借りしているKさんは、この三月営林署を定年退職したが、あと数年は屋久島に関わる仕事がしたいとのことで、友人の紹介で私の家に住むことになった。なによりも庭の管理をしてくれるので、私にとっても好都合である。

屋久スギと小杉でできたその家は、実家のある宮之浦に子供を連れて戻った私の母に、父が建てたものである。母の死後その家を私が相続することになったが、キャクロ造り（伝統軸組工法、客櫓）の間取りを機能性の高い建物にするため、ランドスケイプ・アーキテクトの専門家に頼んで、庭と家とが連続したコンセプトで結びつくよう設計してもらい、改築した。この家に年数回帰り、記憶のなかの過去にトリップし、庭仕事をして心地よい汗を流すことが、私の至福の瞬間であった。

Kさんの紹介で宮之浦にある森林保全センター自然遺産保全調整官の濱田秀一郎さんと話をすることができたことは幸運であった。私の専門がインドネシアのアブラヤシ開発問題だと知ると、濱田さ

クマバチトラップ

んは、「バリ島に二年間滞在し、マングローブ林復活のプロジェクトに関わった」と屋久島に赴任する以前のキャリアを私に語ってくれた。東南アジアでは、エビの養殖池としてマングローブ林が開発されてきた。しかし、そうして作られた養殖池の大半は、数年後塩害で使用不能になり、荒れ果てた土地が残されていくことになった。そうした土地の再生プロジェクトとして、JICA（国際協力機構）がバリ島での事業を展開した。幸い、そのプロジェクトは成功し、他の地域でのマングローブ林復活のモデルケースになっているそうだ。

保全センターの最近の大きな仕事は、シカの食害をいかに防ぐかということである。一時サルの食害が大きな問題となっていたが、最近ではシカが「異常に」増え、その対策が焦眉の問題に浮上してきている。

濱田さんのお話では、現在屋久島に少なくとも一万頭、おそらく一万二〇〇〇頭ほどのシカが生息している。その自然増加数は、一〇〇〇〜二〇〇〇頭で、現状を維持していくためにも、最低その程度の数のシカを駆除しなければならないが、とてもその数字は達成されていない。猟友会の手による駆除数が年間六〇〇頭余りで、会員の高齢化などで年々少なくなってきている。そこで、森林保全センターでも罠による駆除を始めて、昨年は一七〇頭を駆除したとのことである。罠ではなく、もっと効率的な駆除法として、ある特定の土地にシカを追い込み、一網打尽にする方策を実験中であるが、屋久島の山は険しく、平地が少ないため、その適地は限られている。いずれにせよ、猟友会と合わせても七七〇頭ほどしか駆除できておらず、目標を達成するにはまだまだ解決しなければならない課題が多いそうだ。

Kさんに教わることも多い。営林署の山仕事をする人たちの間では、山での作業を始める前にスズメバチ対策をすることが重要である。そのために、蜂取りボトルという仕掛けを作り、そこにスズメバチを誘引する。営林署のマニュアルだと、一リットルのペットボトルの側面に二カ所カッターで穴をあけ、切片を持ち上げ、蜂の進入口とする。ボトルの底に、酒、砂糖、酢をある割合で混ぜた混合液を入れておくと、スズメバチがそのトラップにかかるというわけだ。

Kさんはわが家の庭に数本の蜂取りボトルを仕掛けている。これで捕るのは、屋久島でクマバチと呼ぶオオスズメバチである。庭にあるクヌギ二本と柘植の大木にクマバチが誘われるそうだ。学校も近いし、危ないので、この仕掛けを作ったそうだが、ここ三カ月ほどの間に五〇匹のクマバチを捕ったそうだ。

Kさんのすごいのは、独自の混合液を開発したことだ。焼酎とオレンジジュースを半々ずつ混ぜ合わせたもので、次第に発酵すると、クマバチにとっては避けることのできない極上の臭いを発するそうだ。その臭いに誘われてペットボトルに入った蜂は逃げようとしても、簡単には外に出られないため、下に落ち、羽が濡れて飛べず、最後は溺れ死ぬとのことである。

「甘いにおい」「溺れ死ぬ」「かかるのはすべてオス」。

クマバチトラップ

これってハニートラップというのではないかと、一瞬考え込んでしまった。

二〇一〇年八月X日

二〇一〇年の夏の屋久島への観光客は「少ない」そうだ。八月X日、Yレンタカーの従業員に空港まで送ってもらった。このYレンタカーは僕の友人も代表に入っている会社で、最近始めたばかりである。僕の大学の同級生らも三台借りたので、僕は上客である。何度もお礼を言われたが、その後彼は、「今年は観光客が少ない、レンタカーだけでは食べていけないので、他に収入源を求めないとならない」と嘆いていた。

三年前屋久島への入り込み数が年間四〇万人を超えた。入り込み数とは観光客と地元の人間が一年間に船や飛行機を利用した総数で、その数字からだいたいの観光客数が推定される。地元の人間の利用は年間数万人程度だと思われるので、残りが観光客数ということになる。

僕の友人のなかにはこのブームを当て込んで、銀行から数千万円の借金をして、慣れない民宿業を始めた者もいるが、いずれも大変なようだ。

今年観光客が減った最大の要因は円高だろう。国内旅行が円高で割高感があるのは事実である。普段でさえ、空港税のかからない沖縄旅行と比べると割高感のある鹿児島県の離島観光であるが、円高の今年はその影響をもろに食ってしまった。

しかし、屋久島ブームは去ったという要因は否定できないだろう。去年九月の連休に縄文杉に一六〇〇人も登ったそうで、これをピークとして屋久島ブームの終わりが近いと直感した。持続的な観光政策が今こそ求められているのに、何の対応策もほとんど取られないまま、今日に至っていることが腹立たしい。

二〇〇九年七月X日

息子とその友達二人を連れて、屋久島に来た。今夜はNPO法人海亀館のウミガメ調査を手伝うという名目でウミガメの産卵を見た。私の小さいころは川や海に魚がいるのが当たり前であるように、夏の砂浜にウミガメが産卵にやってくるのは当たり前のことだった。

それが今ではウミガメの産卵を見ることが屋久島の魅力の一つになっているほど日本の海辺は荒廃してしまった。屋久島はウミガメの上陸日本一である。

そのためウミガメを見せることが屋久島観光の目玉の一つとなり、それに伴う弊害も大

西部林道のサルとシカ

きくなってきていたが、海亀館の努力で今年は大分改善された。
一般向け観察会の客六〇人が帰った後、浜はまた静寂さを取り戻した。その後に二頭が続けて浜に上がってきた。砂をかき出すかすかな音と、産卵の準備が整ったことを示す低い唸り声の後に、産卵が始まった。波の音だけが響くその空間には、太古以来変わらぬ生の営みがあった。

本書旧版は絶版状態が続き、一時定価の三倍ほどのプレミアム価格でアマゾン・ドット・コムでは取引されていた。それがどれだけ市場価値を示しているかどうかは分からないが、まだまだ本書に価値を与えてくれる読者がいることを知り、力を得た。明石書店の判断で、改訂増補版の発刊を迎えられたことに、社長の石井昭男氏、編集部の黒田貴史氏、それに編集実務担当の伊得陽子氏に御礼を申し上げたい。本書のタイトルは最初私が考えていたものに直していただいた。そのいきさつは、補章1で詳しく説明している。本改訂増補版では、旧稿の誤植を訂正したほか、一部表現を変えた。また、その後の研究の進展についても、文末注という形で取り込んだ。さらに八点の写真を新たに所収し、旧版の写真と入れ替えたり、削除したものがある。

二〇一〇年八月

著者記す

読者の便宜のために、補章三本の初出年を挙げておく。

補章1「環境民俗学の可能性——屋久島の事例を中心として」『南日本文化』第三三号、鹿児島短期大学付属南日本文化研究所、二〇〇〇年一〇月。

補章2「ガイドという職業の誕生——世界遺産登録後の屋久島における暮らしと観光」『異文化』第八号（論文編）、法政大学国際文化学部、二〇〇七年四月。

補章3「屋久島のエネルギー問題」二〇〇八年度法政大学地域リーダー育成助成金報告書（CD版）、中島成久ゼミ作成、二〇〇九年三月、未刊。

中間ガジュマル

森の開発と神々の闘争

改訂増補版　屋久島の環境民俗学

＊目次

ウィルソン株（大株）

序章●屋久島を問う、ということ

大株内の木霊神社

私は一九四九年屋久島の安房に生まれた。小学校に入る直前に宮之浦に引っ越したが、屋久島高校を卒業するまで屋久島に住んでいた。それに、大学も、大学院も九州だったし、また、そのころまでは母が屋久島に住んでいたので、島を出たという意識はあまりなかった。現在でも家があり、親戚、友人が多く屋久島に住んでいる。だから屋久島との関わりは途切れることなく続いている。こうした私が屋久島についての文章を書くとき、私は徹底的に、自己にこだわる。そうした問いの立て方は、文学的な意味での自己の独自性を明らかにするよりは、共同主観的な存在としての自己の普遍性を描き出すだろう。

高校卒業後私は、希望した大学には合格できず、鹿児島大学法文学部法学科に所属した。今でもこのときの受験の失敗は、私の記憶のなかのルサンチマンとして残っているが、自己の過去を問い直すような著作を著すことが、一種のカタルシスとして作用していることは事実である。私が学んだ一九六〇年代末は全共闘運動が高揚した時代で、ベトナム戦争反対運動、七〇年安保と、学園は政治の季節であり、私もそうした時代のうねりに大きく巻き込まれていった。全共闘運動が「敗北」し、七〇年安保が自然発効すると、学生の間に大きな失望感が広がっていった。私もそうした状況のなかで政治を勉強する熱意を失い、次第に文化人類学の方に興味を抱くようになった。

文化人類学への関心は、私が探検部という、今となったら名乗ることがいささか恥ずかしくなるようなサークルに所属していたことが大きい。日本における探検部の歴史のなかで、朝日新聞記者の本多勝一氏の存在が大きい。本多勝一の著作、発言、行動が、当時の探検部部員に決定的な影響を与えた。その精神は、「行動しながら考えること」「批判する眼の涵養」ということであっただろう。屋久島に育ち、鹿児島で大学生活を送っていた私を、文化人類学はより広い世界に連れていってくれるという期待があり、九大の大学院に進んだ。文化人類学を学ぶには、東大や都立大などが著名であることは知っていたが、自分は九州でやりたいという意識が強かった。

文化人類学の専門家として私は、インドネシア研究に従事してきた。なぜインドネシアであったかはここでは触れないが、最初はジャワの王権と政治の問題に興味を抱き、現在は母系社会ミナンカバウの研究を通じて、ナショナリズム、エスニシティ、国家と性の問題に関心を持っている。と同時に私は、一〇年前から、屋久島の問題を文化人類学の専門家として真剣に考え始めた。

私とインドネシアへの関わりにおいて、どうしても自分が「知的搾取者」という立場に立っていることが否定できないもどかしさがあった。文化人類学では調査者との間のラポール（信頼関係）を築くことが重要視されている。しかし、この関係は往々知的搾取という関係になってしまう。

私のジャワ調査で非常に重要なインフォーマントであったT氏に、「自分はおまえに多くのことを教えてあげたのに、金持ちのおまえはあまり自分にしてくれない」と面と向かって嫌味をいわれたことがある。私が「金持ち」であるとするのはT氏の誤解であるが、そう見えたのは確かであろう。私が九大助手を休職して調査していた時代だったらいざ知らず、定職を持ってからは、やはり、もっとお礼をすべきであったと反省している。だがどの程度お礼をすべきであったかということ以外に、お礼という形での「対価」の支払いで問題が解決するかどうかも問われないとならないだろう。結局自分の調査・研究は、いったい彼（ら）に何をもたらしたのであろうか。

私が屋久島の問題を本気で考えてみようと思うようになったのは、こうしたインドネシア体験が大きい。文化人類学を学ぶ自分の実践的な課題として自分の故郷である屋久島でいったい何ができるのか、という問題が浮上してきたのである。それは地域の発展とは何かという問題であるのだが、T氏への知的負債を返す一方法でもあった。

それにしても、私が自分の故郷である屋久島のことを語れるようになるのに、四〇年近い時間が必要であった。結局、屋久島を突き放した他者の眼で見ることが私には必要であったのだ。そのために、それだけの時間が必要であったのだと思う。屋久島のなかでは、私も出郷者という分類をされてしまうのであるが、出郷者であり、研究者である私が語る屋久島というのは、より広いコンテキストのなかで語られた屋久島である。また現実の屋久島に利害関係がないぶん、より長期的な観点から屋久島の問題へ発言ができるのではないかと、私は考えている。

私の少年時代の屋久島とは昭和三〇年代であるのだが、その時代の屋久島は曲がり角の時代であった。伝承世界が地域社会にしっかりと意味を持っていた時代から、近代的な開発の時代が始まり、屋久島の景観が急速に変わり出した時代であった。だからこそ、私には屋久島の自然がすでに大きく破壊されてしまったという意識が強い。それを今ごろになって、屋久島は自然のあふれるすばらしい島だ、といわれても、違和感が先に込み上げてくる。これは私の世代以上の屋久島の人間が等しく感じることである。

子供時代体験した屋久島の民俗社会が断片的に記憶に残っている。そのなかに、正月七日の晩に行なわれる門回りがある。宮之浦では、この日村の家々のお正月の門を飾っていた竹、松、カシ、それにしめ飾りがはずされ、益救《やく》神社前の浜で行なわれる「鬼火焚き」で燃やされる。

正月七日の楽しみはこれからである。子供たちは晩ご飯をすますと、村の各地区ごとに別れて「門回り」に出かける。宮之浦の子供たちは次のような祝い歌を歌って門回りをして回る。

いおうて　もおす
コウレー［恒例］の門松
いつもより今年は
キドン［木戸の］松が栄えた
栄たも　どおよー［道理だ］
東の枝には　うぐいすがとまって
西の方の枝には　トッビョ［飛魚］がさがって
うぐいすの目に
生いたる稲を
ひともとかれば［刈れば］千石

ふたもとかれば〔刈れば〕二千石
そなたの宿を　見渡して見れば
こめん〔米の〕俵　千石
もみん〔籾の〕俵　二千石
いおうて　もおす

門回りが終わると、留守の家などに集まり、正月のおもちで作ったぜんざいで暖を取る。各家庭からもらった御祝儀はそこで分け合う。子供たちにとっては、お年玉を二度もらえるといった喜びがあった。そこには地域共同体がしっかりと存在し、子供たちの間の連帯感も高まった。

ある年、この門回りをしているときに、私はひどい目にあった。ある家のコエ壺に落ちてしまったのである。第4章で述べる永田の亀女踊りでは、このコエ壺のカメとカメジョさん、それにウミガメのカメが掛詞で結ばれている。「カメジョさんという別品さんをこっそり誘いに行ったはいいが、裏口のコエ壺に落ちてしまい、カメジョには会えず、カメはカメでも、コエ壺の甕にであってしまった」とユーモラスに歌い、踊る。門回りの際の苦い思い出は、亀女踊りのおもしろさを実感させてくれる。

このときに歌われる祝い歌を、われわれは単に「いおうて　もおす」と呼んでいたが、学問的には福祭文（屋久島ではクサイモンと呼ぶ）という。この福祭文には理想の豊年世が描かれている。門を飾る東西の枝には、うぐいすがとまり、飛魚が下がっている。春を告げるうぐいすは稲作の予兆をする縁起のいい島である。広大な田んぼがあり、豊かな収穫があり、倉には米、籾の俵があふれている。台風もなく、豊かな秋である。ところが屋久島では米はあまり取れなかった。カライモ（サツマイモ）の方が主食としては重要で、この福祭文にはそうした屋久島での米の飯への憧れが痛いほど込められている。

この門回りは今でも行なわれている。子供たちの門回りのほかに、村の青年たちが、井戸のある家、船のある家を回り、村独特の福祭文を歌って回ったが、これはもはや行なわれていない。井戸も、船も、青年も大幅に減ってしまったからである。

屋久島の小中学校では、小学六年生と中学二年生のとき、学校行事として宮之浦岳登山をしていた。今ではシャクナゲ登山として大人も交えて行なわれているが、五月の新緑の山に咲く赤、白、ピンクのシャクナゲの花の美しさは忘れられない。

この登山は往時行なわれていた岳参りとは違う。岳参りでは初潮を過ぎた女性の参加は山が汚れるという理由で許されていなかった。こうした登山があくまでも学校行事の一部ではあったとしても、そこにはやはり岳参りという参詣登山の伝統が残っていたのだろう。それは昭和三〇年代の半ばのことであるのだが、そのころ宮之浦では岳参りの伝統が廃れ始めた。過疎化が始まり、村の青年団活動が下火になっていったからである。

このころ、多くの屋久島出身者が屋久島出身であるということに劣等感を感じていた。屋久島はなんの取り得もない小さな過疎の島であった。それが現在では、世界的にも貴重な自然がある島、生命あふれる環境の島ということになったのだから、その落差はあまりにも大きい。

いったいなぜ屋久島への評価がこのように一変してしまったのか。屋久島に、日本に、あるいは世界に何が起きたのか。すると、インドネシア、あるいは、私の配偶者の里であるカリフォルニアで起きている問題と深いところでつながっているのではないか。

屋久島を「自然の宝庫」と賞賛する際の自然という言葉に、私は疑問を感じる。カリフォルニアのヨセミテ国立公園は、私が特に好きなアメリカの風景である。氷河で作られた深いカールと、モミ、ツガ、レッドウッドの森。ところがこのヨセミテを国立公園にする際、先住民族であるアウァニチェー族の人々を追い出して純粋自然の公園を創設したということを知って、ますます私はヨセミテへの関心をそそられた。終章で述べているように、世界遺産に指定された屋久島は、近代的な思考様式であるこうした純粋自然という虚構の上に立っている。

本書は、『季刊生命の島』（屋久島産業文化研究所刊）に「屋久島の環境イメージ」と題して、一九九三年一月から一九九五年一月まで九回にわたって連載（第二五～三三号）したとき私が考えていたものを、一冊の本としてまとめたものである。基本的な構想は連載当時と変わっていないが、論題を系統的に整理し、文章を大幅に書き換え、資料的な裏づけでは万全を期した。それでも本書は学術書ではないので、煩瑣な議論になるのは避けた。

私が本書で一貫して追求してきたことは、「自然の宝庫屋久島」という言説を疑うことであった。この言説には、屋久島の自然が過去たどってきた開発の波の存在が全く感じられないし、それに屋久島の人間にも生活があるということすら消去してしまう。

本書で私は、屋久島の森に対する異なった視線を問題としている。一つはローカルな視線である。それはレヴィ＝ストロースが「野生の思考」と呼んだものであるのだが、民俗社会の論理であり、その世界観、宇宙観である。他方は近代的な視線である。それは島津の屋久杉伐採に発し、国有林への編入と国有林経営、開発、それに世界自然遺産指定へと通じてくる流れである。

本書の目的は森への二つの異なる視線を、持続性という観点から統合することである。少なくとも、屋久島でつい最近まで行なわれ、次第にその意味が失われていきつつある民俗社会の慣行を、今一度考え直してみる必要はあるだろう。自然保護と大上段から発言しなくても、自然と人間とのあるべき関係への豊かな知恵がそこに存在していたことに気づくであろう。

第1章3は、屋久島における国有林下げ戻しをめぐる行政訴訟を、全国的に展開された入会権をめぐる闘争として捉えたところに新鮮味があるだろう。第3章で検討した岳参りをめぐる問題では、屋久島の山中にまつられている「イッポンホウジュゴンゲン」の祠を、「一品宝珠権現」と解釈し、「一品法寿権現」ではないと否定していることが論争を呼ぶだろう。今後なお検討する余地は残っている。

第4章1の「亀女踊りの描くユートピア」は、一九九七年一二月、丸橋珠樹、川谷直大とともに行なった「自然の語り方――屋久島の事例より」と題する日本民族学会関東例会（於・東京外大）での私の発表をまとめたものである。

第4章3の「椰子の実を採るサルの話」は、一九九五年一〇月『季刊生命の島』第三六号の内容をほぼそのまま掲載した。インドネシアの政治をめぐる状況は、一九九八年五月のスハルト退陣で大きく状況が変化したが、その問題に言及するには状況があまりにも複雑なので、元の原稿をほぼそのまま掲載した。

また第5章3は、完全な書き下ろしである。

それ以外に、関連する初出文献名を挙げておく。

「今、なぜ屋久島なのか――屋久島の現況と課題が問いかけるもの」『しま』No.154(第三九巻第一号)、財団法人日本離島センター、東京、一九九三年七月。

「屋久島における自然観の変遷」『地球環境研究』第三四号、第四回「地球環境財団奨励金」成果報告書(2)、地球環境財団、東京、一九九五年六月。

その他、西部林道問題を中心として寄稿した新聞記事に次のものがある。

「屋久島のビジョンはだれが描く」『毎日新聞』一九九四年八月二三日朝刊。

「環境アセスメントはどこがやるのか」『教育新聞』一九九四年一一月一四日。

「コアとバッファー――屋久島に見る環境保護思想の問題」『指導と評価』第四一号、㈳日本図書文化協会日本教育評価研究会、東京、一九九五年四月一日。


本書が世に出る契機となったのは、屋久島関連の私の文章が、明石書店編集部の法月重美子さんの慧眼にとまったからである。また明石書店社長の石井昭男氏には、「差別と人権」のために闘う出版人の意気を見せていただき、いつも勇気づけられた。創業の志を失わない明石書店のような出版社があるからこそ本書はなったのであり、深く感謝する次第である。

屋久島全図 （屋久島町）

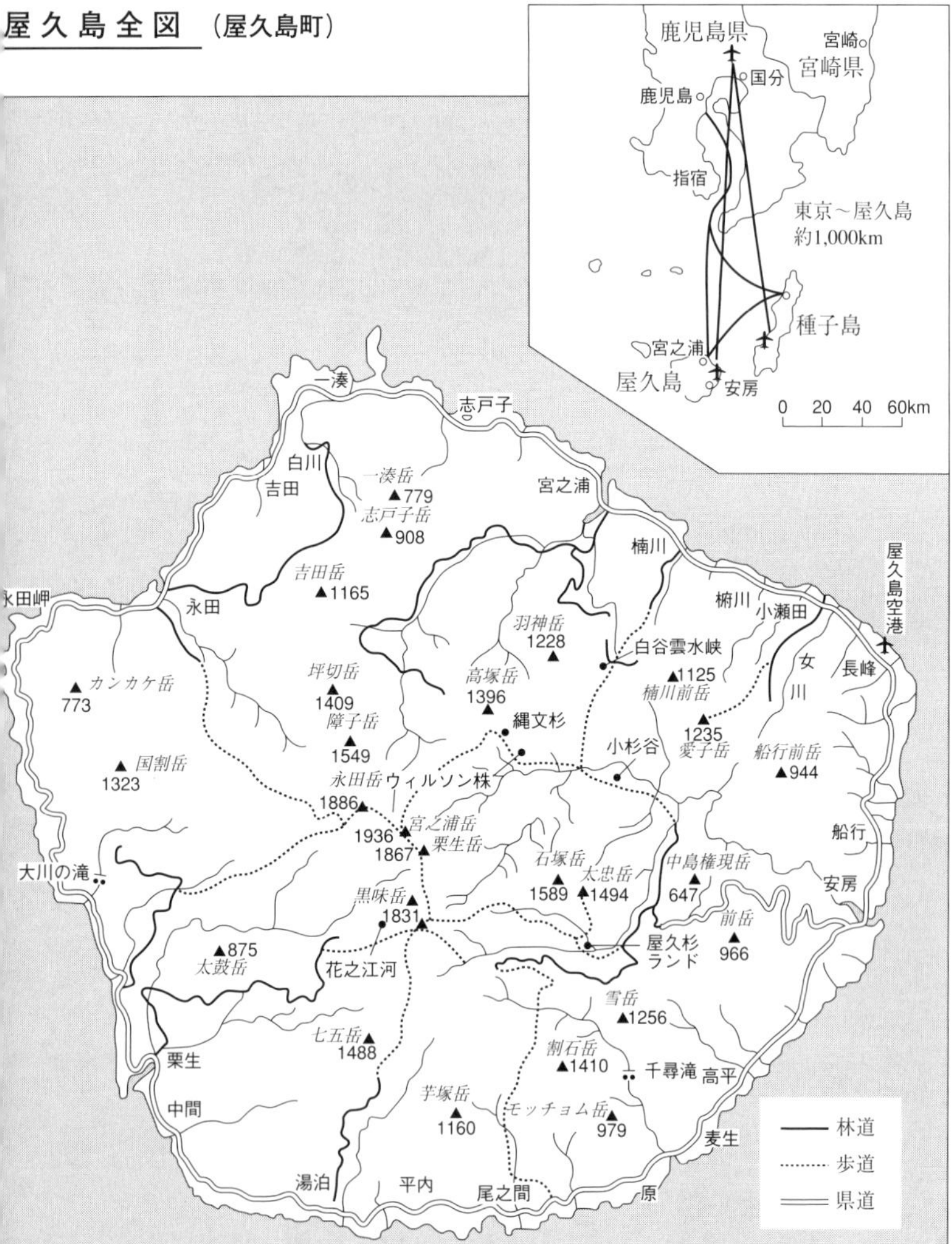
鹿児島県
宮崎
宮崎県
国分
鹿児島
指宿
東京～屋久島
約1,000km
種子島
宮之浦
屋久島
安房
0 20 40 60km
一湊
志戸子
白川
吉田
一湊岳
▲779
志戸子岳
▲908
宮之浦
楠川
屋久島空港
永田岬
永田
吉田岳
▲1165
椨川
小瀬田
羽神岳
1228
白谷雲水峡
女川
長峰
▲カンカケ岳
773
坪切岳
1409
高塚岳
1396
▲1125
楠川前岳
障子岳
1549
縄文杉
1235
愛子岳
▲国割岳
1323
小杉谷
船行前岳
▲944
永田岳
ウィルソン株
1886
宮之浦岳
1936
栗生岳
1867
船行
大川の滝
石塚岳
1589
太忠岳
▲1494
中島権現岳
647
安房
黒味岳
1831
前岳
966
▲875
太鼓岳
花之江河
屋久杉ランド
雪岳
▲1256
七五岳
1488
割石岳
▲1410
千尋滝
高平
栗生
中間
芋塚岳
1160
モッチョム岳
979
麦生
湯泊
平内
尾之間
原
林道
歩道
県道

昭和二〇年代の屋久杉伐採の図（旧上屋久町歴史民俗資料館提供）

第1章

森への視線

屋久の俗《ならい》、古来山中の大杉樹《おおすぎのき》は、神木と称して伐ることなかりしかば、翁其の良材の世に不要なるを惜しみ、山中に入り、一七日《ひとなのか》嶽神《たけのかみ》に請ひ、伐って世用に充てんことを祷《いの》る、山を出、島人に告げて曰、吾嶽神へ祷るに、木を賜うべき霊応を得る故、今より以降、伐って世用に備うべし、唯《ただ》其の伐る時、伐って伐れざる者《もの》は伐るべからず、其の神の禁ずる木なり、是《これ》神の賜らざる木なり、是より闔島《こうとう》〔全島〕始て杉木を伐始めけり、今に至て上下其の利を受く。

「大隅国馭謨郡《ごむぐん》屋久島」『三国名勝図会《さんごくめいしょうずえ》』（青潮社版第四巻）

1　世界システムのなかへ

禁忌からの解放

屋久島は周囲一三〇キロのほぼ円形の島だが、わずかな海岸平野を除いては、海からいきなり、一〇〇〇～一二〇〇メートルの前岳がそびえている。奥岳と前岳とは、屋久島の空間認識においてきわめて重要な区分である。奥岳とは前岳に囲まれた島内奥の険峻な山々の部分を表わす。古来、八重岳と総称されてきた山々である。あるいは単に御岳《おたけ》ともいう。その中心は、宮之浦岳（海抜一九三六メートル）、永田岳（一八八六メートル）、栗生《くりお》岳（一八六七メートル）の三つからなる三岳である。三岳の頂上には、「一品宝珠権現《いっぽんほうじゅごんげん》」の祠が今でも見られる。宮之浦岳は彦火火出見尊《ひこほほでみのみこと》（山幸彦）を祭神とする益救神社の奥の院に当たる。おそらく、そうした神社組織に編成される前は、御岳は岳の神として屋久島における信仰の中心であったのだろう。

奥岳の部分に入ると小さな島とは思えないほど山は深く、大量の水分を含んだ森は分厚い苔に被われ、激流が大地をうがち、谷ははるか眼下に見下ろされる。古来島民の経済的な活動は、海と集落周辺、それに前岳部分に限られており、奥岳は屋久島の信仰の中心部を占める神域として存在した。

奥岳部分の経済活動が禁止されていたという事実は、奥岳で繁茂しているヤマグルマが屋久島では全く利用されてこなかったことによっても示される。屋久島の山は花崗岩でできているため、岩石の多い地帯を好むこの木には適地である。そのためであろうか、杉はこの木のなかに点在しているように見える。明治一五年（一八八二）に書かれた「屋久島杉」と題する記事（五三頁参照）は、次のように述べている。「この木から良質のトリモチができるし、実際信州、濃州では生産されているのに、不思議なことに、島民は誰もその利用法を知らないことだ。トリモチとして生産すれば屋久杉には及ばないが、島民の大きな資産となるだろう」。

一七世紀に活躍した屋久島・安房出身の儒学者、法華宗学僧、泊如竹《とまりじょちく》は、屋久島では「屋久聖人」と慕われている。如竹は当時の支配的な学問である朱子学の権威となり、島津、藤堂、琉球などの諸候に仕えた。永禄一二年（一五六九）に生まれ、明暦元年（一六五五）に没した如竹は、晩年には安房に戻り、齢八六歳の天寿を全うした。島にあっては貧窮に苦しむ島民を助け、島の産業の開発者として活躍した、と伝えられている。安房には如竹廟があり、如竹踊りが伝えられているほか、如竹をめぐる説話がいくつか存在している。

『三国名勝図会』は薩摩第二七代藩主島津斉興《なりおき》の下命で、天保一四年（一八四三）に五代秀尭《ひでたか》・橋口兼柄らによって編纂された。三国とは薩摩、大隅、および日向の一部のことで、その自然、歴史、物産に関する百科事典的な書物である。『三国名勝図会』は、江戸時代末期の薩摩藩の事情を知る一級の資料ではあっても、それが体制の側から見た諸国事情であることは間違いない。特に如竹関係の記述では、薩摩藩から見た如竹像であるという注意が必要である。

如竹の業績で特筆すべきは、古来神木として伐採するのをかたく禁じられていた奥岳の屋久杉伐採の道を切り開いた、とされていることである。冒頭で引用した『三国名勝図会』中の翁とは如竹のことである。寛永八年（一六三一）ごろの出来事だ、と見なされている（『上屋久町郷土誌』一九八四年）。後述する柿木司《かきのきつかさ》は、寛永一九年（一六四四）のことだと推測している（『屋久島林政沿革誌』）。

当時の島民の信仰によれば、屋久杉だけではなく、奥岳の部分での一切の木の伐採を禁じていた。だが如竹はそうした信仰を「迷信」だと断じ、屋久杉の伐採を島津藩に進言した。如竹は山中に一七日間《ひとなのか》籠り、斧を木に一晩立てかけ、それが倒れたならば神意により伐採できないが、一晩たっても倒れていなければ神意により伐採できる、と岳の神を畏れる島民を説得した、という。屋久島の近代はこうして始まった。屋久杉伐採を進言した如竹にまつわるこうした事実――それは半ば神話化した事実である――は、私の関心からすると、屋久島の近代の幕開けを告げる「神殺し」であったといえる。

だが、屋久杉の利用は如竹が初めて企画したものではない。

まず、奥岳域では一切の生産活動は禁じられていたが、前岳部分ではたとえ屋久杉であっても、古くから島の重要な木材資源として利用されてきた。屋久杉（小杉を含む）だけではなく、前岳部分では、小杉、ヒノキ、榧《かやのき》、椨《たぶ》、楠などが建材用に利用された。また薪炭用としてそのほかの雑木も使われた。

如竹以前の屋久杉伐採の画期的な出来事は、京都の方広寺の大仏殿建立に屋久杉が使われたことである。天正一四年（一五八六）豊臣秀吉は島津義久に方広寺大仏殿建立のための杉、ヒノキの調達を命じた。義久は当時まだ種子島家の所領であった屋久島の大杉に注目し、調達した。方広寺はその後地震で壊れ、秀頼の時代に再建されたがその梵鐘に「国家安康」と銘されたために、大坂冬の陣を引き起こしたことで歴史上では有名となる。一説では最初の大仏殿建立の際に伐採されたのが、ウィルソン株だといわれている。楠川の木挽、牧五郎七らが六人がかりで伐採したとされる（山本秀雄「ウィルソン博士と屋久島」『季刊生命の島』第四号、一九八七年）。だがウィルソン株の周囲に伐採後生えてきた小杉の樹齢がせいぜい二〇〇年前後であることを考えると、事実ではないだろう。

島津藩は如竹の進言以前にも盛んに屋久杉の伐採を行なっている。その伐採が奥岳域の屋久杉にまで至ったかどうかは明らかではない。島津藩による屋久杉伐採の事実は、例えば文禄四年（一五九五）の「屋久島置目《おきめ》」のなかで、島津義久・義弘の連名で当時の種子島・屋久島領主に対して、屋久杉材の取り扱いを指示する五項目によくうかがえる（山本秀雄「屋久島憲法考」『季刊生命の島』第七号、一九八七年）。

その主要な点は、

(一)公儀のことはいうまでもないが、国元〔薩摩藩〕において普段材木を用いるときは、どんなときでも材木を差し出さなければならない
(二)他国に材木を出してはならない、また他国より材木を買い付けてはならない
(三)大仏の材木ご糾明〔急命か？〕の際、印を付けられた諸木を除いてはならない

の三点であろう。(三)は右で述べた方広寺大仏殿建立の際の秀吉からの命を証明するものと考えてよいだろう。

こうした事実を勘案すると、「如竹が初めて屋久杉利用を島津藩に進言した」とする『三国名勝図会』の記述が正しいかどうか怪しくなってくる。おそらく如竹の進言したのは、島民に課せられた年

貢の支払いを屋久杉の加工でできる平木による物納に代えたことであろう。天下を統一した秀吉は全国的に検地を実施し、税の標準高を定めていった（いわゆる太閤検地、あるいは文禄検地）。この検地で屋久島は、山役（山年貢）、浦役（漁村・漁民への課役）として米で三六〇〇石余りと決まった。「これは島津藩下の普通の農村には課されない夫役である山役、浦役によって構成されており、その後の屋久島の高の基準となった」（『上屋久町郷土誌』）。

屋久島は地形的に米があまり取れず、島民の主食はカライモ、粟そのほかの雑穀であったので、島民にはその年貢を果たすことがことのほか困難をきわめたことであろう。如竹はそうして苦悩する島人を見て、掟破りの「神殺し」という一策を考え出したに違いない。

屋久杉の平木は耐久力に富み、経済価値がきわめて高く、大阪方面に積み出された。屋久杉の伐採権を得ることで島津藩は新たな財源を手にした。島津家以前に屋久島を領有していた種子島家にとっての屋久島の価値が、「海とかかわるもので、その一つは南島との交通における港の役割であり、一つは漁業関係における役割であった」（『上屋久町郷土誌』）ことと比べると、島津藩における屋久島経営が全く異なった様相を呈していたことがうかがえる。

世界の植民地経営上、一九世紀は一大転機をなす。交易の拠点として植民地の要衝の地を点として支配する経営方式から、世界市場で売れる産物をプランテーション方式で栽培させる面的な経営方式に大転換がなされた。そして植民地支配が従前と比べるとはるかに過酷な影響を被植民地に与えることになったが、島津氏の屋久島支配も同様な観点から捉えられる。

島津氏は鎖国時代にあっても琉球との密貿易で利益を上げたが、屋久杉、そのほかの木材が島津氏の重要な交易用品であった。島津氏のこの屋久島直轄経営は、その後の屋久島の運命を大きく変えてしまった。明治初年の地租改正において、奥岳域のみならず、集落とその周辺地以外を除いた前岳域も国有地とされてしまった。そしてこの措置に対する「国有林下戻《さげもどし》裁判」とその敗訴、戦後の開発時代における営林署による屋久島の原生林の大規模伐採へとつながっていった。屋久島の近代はこのように、島津氏による屋久島の全領域にわたる支配の貫徹として捉えられる。屋久杉だけではなく、港、海、そして人々の暮らしそのものも徹底的に管理されるようになった。そして屋久島経営のあり方は、明治以降もより強化される形で引き継がれた。

交換価値としての屋久杉

太閤検地は実際の石高の正確な反映ではなく、家臣の知行表示の基準であった。ために島津藩は何回か屋久島の検地を実施し、その石高を定めている。それによると江戸時代を通して屋久島は一四〇〇石近く、口永良部《くちのえらぶ》島は一八〇石余り、両島合わせて一五七〇石余り（一石は一〇斗、一八〇キロ）と定められた。この石高は、米だけではなく、雑穀、カライモ、船、網、などへの課税分を含んでいる。島民はこの年貢を屋久杉の伐採による平木の物納で支払っていた。健康な男子は一五〜六〇歳まで、公租の義務を負い、年間一人平木六束（一束は一〇〇枚）を差し出すことに決められた。「山稼ぎ」と呼ばれるこの仕事は、江戸時代における屋久島の生業の大きな部分を占めた。

屋久島の山は村ごとにそれぞれの持分があり、他村の者の山入りは許可制となっていた（村持支配林と呼ぶ）。円い屋久島の中心、宮之浦岳から、各集落へ伸びる線を引くと各集落の村持の山が推し量れる。しかしながら実際は尾根、谷で区切られた水系を元にして持分が区分された。

享保一三年（一七二八）にまとめられた島津藩による『屋久島規模帳』では、山稼ぎがいかに凄まじく、屋久杉の資源を枯渇させてしまうことも心配されている。『規模帳』は島津藩による江戸中期の屋久島での支配関係、生産、消費の有様を知るうえでは貴重な資料である。そのなかの一項で、

花崗岩が節理状に侵食された沢と森

「近年山に入る者が多数出てきて、平木との交換で渡す米が過分にいるようになってきた。また取り調べた平木にも支払いがなされていない。島民には他の稼ぎがないといっても、耕作で生きていけるのだから、山へはみだりに入らないようかたく申しつける。このままだと山に入る者を鹿児島へ移送することになる」と書かれているのを見ても、当時の山稼ぎの有様が想像できる。

ただ屋久杉伐採後は「御礼杉」といって、伐採者の責任において杉の植えつけが義務づけられていた。安房川水系にある「屋久杉ランド」は手軽に巨大な屋久杉を観察できることで観光客の人気のポイントになっている。太忠岳に向かうコースの一部には、モミ、ツガの大木に交じって、樹齢二〇〇年余りの小杉が整然と並んでいる一帯がある。こうした地帯を見ると、これが天然更新して生長してきた杉とは思えないので、江戸時代に植えられた「御礼杉」が今ようやく初期の目的を遂げてきたという感がする。

「屋久島の平木」と題する喜多村俊夫の論文は、『屋久島規模帳』を詳細に分析している(『経済史研究』第二九巻第一一号、昭和一七年、『季刊生命の島』第二二号に復刻、一九九一年、山本秀雄解題)。喜多村俊夫によれば平木との換算率は以下のようになる(平木一束は平木一〇〇枚)。

一、真米一石　代平木一四〇束
一、小麦一石　同五二束
一、大麦一石　同二六束
一、小豆一石　同一五〇束
一、荒粟一石　同八九束と二九枚

一、芋册《ママ》一つ　一升五斗入　同二束
一、橙《だいだい》一〇〇〇につき　同一〇束
一、九年母《くねんぼ》一〇〇〇につき　同三〇束
一、蜜柑一〇〇〇につき　同一一束
一、真綿一〇〇匁《もんめ》につき　同三〇束
一、苧麻《ちょま》一〇〇目につき　同二束と五〇枚

この交換比率は享保一三年（一七二八）以来江戸末期まで変わらなく続いた。『屋久島規模帳』はさらに、農産物以外にも、馬一頭につき平木一束を課すことも規定している。

柿木司は、「屋久島林政沿革誌」（『屋久杉の研究』所収）のなかで、永田の有馬友作翁に聞いた屋久島古謡を紹介している。それはおそらく江戸中期の作と思われるが、島の男衆が月の大部分を山稼ぎに出かけ、自分の家の仕事にはほとんど時間が割けないでいることが分かる。まさに、「我が家に五日、山には二〇日」というわけである。

屋久の島中の男衆は
山で暮らす所なり
五日は我が家に二〇日は山に
もはや御山になりむけば
杉の木板を取り出した

中山出しに来ん見れば
嶽の御顔を早や打ち見れば
見れば我が気もじんじんと
空の星かな目で見たばかり
うづら島かな栗《ママ》恋し

先に、『屋久島規模帳』では山稼ぎのため山に入る人間が増えて資源が枯渇することが危惧されていると書いたが、それから一一五年後の天保一四年（一八四三）には「山稼ぎ奨励書」が発せられた。それによると、「屋久島の村々では平木の生産が第一の稼業であるのに、近年山稼ぎをするものが少なくなり、入用の平木を手に入れることが難しくなった。山稼ぎでは長年の経験がいるので、一三歳から二五歳までの若者を毎年七日以上山に入れて技術を習得させるべきである」。

喜多村俊夫はこの理由を、「平木生産の労力に比し、貢納における換算率島民に不利なりし事情と、山稼ぎ以外の副業が生じ、買い入れをもって平木を納むることの利となったのであろうか。屋久島近海の鰹漁の利、飛魚の蒲鉾《かまぼこ》等の水産が深き関係を有せるものであろう」（前掲書）と推定している。飛魚の蒲鉾とは、飛魚のすり身を使った揚げ物で、屋久島では「つきあげ」と呼ばれている。

喜多村俊夫はさらに、「杉材の輸送、販売とその統制」について述べている。屋久島奉行のおかれた宮之浦には、津港番所《つこうばんどころ》があり、ここに検者ならびに横目（監視）という役人が派遣され、船改めそのほかの材木輸送の監視をなした。奉行の支配下にあって直接山林の監視に当たるのが、行司および山頭《やまがしら》であり、各村には下目付、下代の役人がおかれた。

屋久杉の販売・積み出しは薩摩藩財政上重大なものだけに、きわめて厳重な取り締まり規則が設けられていた。他国へ出してはならない木材を規定し、杉の巨木のみでできる帆柱は屋久島の特産中の特産であり、薩摩用を第一とするが、琉球などへの他国売りについては薩摩売りの数倍の値段を設けて利益を上げていた。鹿児島へ積み出す平木の運賃、水夫への賃金も詳細に規定されているが、さらに利益の上がる大阪方面に積み出すことの方が多かった。

山本秀雄は、「日本林政史資料・鹿児島藩」所収の『規模帳』を紹介している（『季刊生命の島』第六号、一九八八年）。本書に関わる部分を要約して抜き出してみる。そこには、屋久島からの進上品一覧、松の伐採の禁止、ハゼの木の植えつけ、コウゾの生産、屋久島奉行・番所・検者・横目などの役職が、こまごまと達示されている。

一、御進上製品としては、広板と、大船の楷木（竜骨?）・帆柱・丸太用の杉・桧《ひのき》・榧《かやのき》・黄柳《つげ》・楠・椨《たぶ》が望ましい。また松の伐採を禁止する。
一、もろもろの木の苗木を切り取ることを禁止する。松が生えている所には高札をたて、野火をつけないように。もしこれに反する者があれば、相応の処罰をなす。
一、ハゼの実の上納は桜島と同じとする。ハゼの木を植えるのは島民の自主性にまかせる。
一、楮《こうぞ》の植栽、伐採は島民の自主性にまかせる。
一、田畑に塩害の及ぶ地域では防風林として松を植えること。
一、屋久島へわたって商売をなす町人には手形を発行し、他国・上方へ向かう者には、奉行所の裏書を必要とする。

一、屋久島・宮之浦に番所を設け検者・横目を派遣するので、船改め、その他万端怠りのないよう、屋久島奉行へかたく申し渡す。

そして、屋久島から種子島へ運ばれた用木代が細かに記されている。平木一〇束（一束五〇枚）が、銀六匁三分八厘に相当するとされている。杉のほか、松、ハゼ、ツツジ、ヤマモチ（鳥もち）、フノリ、ガジュツ（屋久島特産の生薬）などの代金（運賃、人夫代を含む）が詳細に規定されている。

薩摩藩による屋久島支配がいかに詳細にまで及んでいたかが、手に取るように分かる。

2 持続する森

屋久杉と小杉

現在、屋久島では樹齢一〇〇〇年以上の杉を屋久杉と呼び、一〇〇〇年以下の木を小杉と呼ぶと、人口に膾炙している。通説では、屋久島の場合、杉でも一〇〇〇年経って初めて一人前、それ以前だと半人前なのだ、と解釈されている。屋久島における時間とはそうした悠久な単位で認識されている、というわけである。

だが、こうした見解はあまり根拠がない。なぜこのような誤解が生じたのであろうか。

屋久杉の原生林は大正一三年（一九二四）、国の特別天然記念物に指定された。その指定に先だって内務省の嘱託を受けて屋久島の調査を担当した田代善太郎（当時加治木中学校、後に京都大学勤務）は、屋久島の植物生態学上の価値を認めた初期の学者である。一九九五年㈲「生命の島」によって復刻された『鹿児島県屋久島の天然記念物調査報告』の第四章「屋久島天然生の杉」の冒頭で田代善太郎は次のように述べている。

天然生の杉生育の地域は、千メートル以上に多く、前岳の七百メートル内外の地点よりこれを見るを普通とすれど、山路険峻にして交通の便悪しく伐採の手の及ばざる所にては、五六百メートル以下の地点に存することあり。しかしてその遺株は往々それよりも下方に発見せらる。由来屋久杉にて、目に触れ易きところに残存するは、多くは斧痕を受くるも、良質ならざるが為に伐採を免れたるものなり。小杉はなお下りて、各方面三四百メートルに存すれど多からず。もと両者は成育の範囲を同うしたるものにして、元来屋久杉は現在の小杉の生存せる地帯にありて夙《つと》に伐採せられたるものなるは現にその切株の残留するによりて証明するを得べし。しかして切株の残存数が生存せるものに比して多きを見れば、屋久杉昔時《せきじ》の盛観を想像するを得べし［傍点は中島による］。

つまり、屋久杉と小杉は同一種の杉であるが、多くの屋久杉は材として良質ではないから伐採を免れたものに過ぎないことを田代善太郎は認めている。海抜七〇〇メートル以上の前岳部分でも屋久杉が見られるが、小杉はもっと下部の海抜三〇〇〜四〇〇メートルから見られるという。残存する切株の数から想像すると、屋久杉伐採の始まる以前の屋久島の森の圧倒的な様子が窺える、と述べられている。

太平洋戦争時代に上屋久営林署に勤務しながら屋久杉の研究をなした柿木司は、屋久杉と小杉との違いがその形態上の違いにあり、樹齢はそう重要な指標ではないことをもっと明瞭に指摘している（「屋久杉の成立に関する研究」『研修』昭和一五年〈一九四〇〉三月号、昭和二九年〈一九五四〉、鹿屋営林署から『屋久杉の研究』としてほかの論考と併せて出版）。

本島における天然生杉は、通例ヤクスギとコスギに区別されるが、その間何ら品種上の差別があるわけでは無く、只《ただ》単に利用上の見地から区別されるに過ぎないのである。すなわち樹令七〜八〇〇年以内のものにして、年輪は稍《やや》雑、生長も比較的旺盛なるものをコスギ（小杉と書く）と称し、樹令七〜八〇〇年を経過して枝葉は甚だ貧弱となり、樹皮の色もあせて一見樹容怪異、其の樹体内には特殊の樹脂多量に含有し、年輪は極めて密となりて材質も相当堅く比重は大きく、板目に製材すれば美麗なる木目を生じて骨董品的の利用価値を有するものをヤクスギと称するのであって、今日の小杉は所謂《いわゆる》ヤクスギの子孫である。斯様《かよう》にヤクスギとコスギは品種上の差別があるのでなく、単に樹令と材質の相違により、主に利用的の見地から分類せられているに過ぎないのであって、大木であり乍《なが》らコスギと取り扱われるものがあり、叉大木で無くとも年輪密なる老木はヤクスギとして取り扱われるのである。

太忠岳斫伐所、大正14年（屋久島自然保全センター提供）

柿木司によれば、屋久杉と小杉を区別する指標としては、樹齢でいえば七〇〇～八〇〇年が目安となるがそれは絶対的な基準ではなく、良材か否かが決定的に重要であるとされている。屋久杉の場合材としてよりも、骨董品的な価値があるとしている。その結果、大木であっても木の勢いがまだよく、樹脂も少ないと小杉と分類されるものもあれば、大木でなくても年輪が密で、屋久杉特有の樹脂を大量に含んだ木は屋久杉と分類されるのである。

先に述べたウィルソン株は、屋久杉というよりは小杉としての性質を強く持っていた杉に違いない。その秀麗な姿がしのばれる。明治一五年（一八八二）地租改正の調査で屋久島を訪れた高島得三も、「屋久島杉」という論考のなかで、ほぼ同様な趣旨を述べ、さらに、樹脂を大量に含み、年輪も曲がりくねった屋久杉の価値は明治以降見いだされた現象であることが記されている［傍点は中島による］。

柿木司は続いて、樹齢一六〇〇年、半径一三八センチ（つまり直径二七六センチ）の屋久杉の一〇〇年ごとの年輪の生長量を子細に検討している。その結果、樹齢四〇〇～五〇〇年前後までは、一〇〇年ごとに二〇センチから一〇センチの生長量が認められる（若いときほど生長量が大きい）。だが樹齢五〇〇～六〇〇年以上になると年輪幅はいちじるしく狭くなって、すでに屋久杉として成育していることが知られる、と強調している。「年輪幅は次第に小さくなって一センチメートル内に一五～三〇内外の年輪を数うるに至り、肉眼では容易に数えることもできないような状態になり、気息奄々《きそくえんえん》たるが如き有様を示しながらも、先天的の長命性と理想的の環境に恵まれて、何時《いつ》果つるとも知れない様な長久の生命を続けていくのである」（同）。

いわゆる屋久杉をも伐採してしまった昭和二八年（一九五三）以降の「皆伐時代」においては、屋久杉と小杉という分類に代わって、「ヤクスギ」と「銘スギ」という分類もなされていた。

ヤクスギと銘スギは、樹種から分類する。銘スギは、樹齢七百年以上。一見してすぐわかる。樹皮の、風雪を凌いだ膚がせまってくる。それに〝梢〟がない。きまって〝欠損体〟である。年輪を数えても、到底たしかな数にはならない。針で数えても、一割を増してよいといわれているほどだ。七百年くらいまでは玉切っても樹心まである。少し古くなると、きまって空洞になっている。若い方のヤクスギは、三百五十年くらいがどうも最高のようだ。つまり、銘スギとヤクスギとの間にはおよそ四百年くらいの空間がある。とにかく五百年、六百年という中間の年数のヤクスギは、生立していない（『暖帯林』一九七一年一〇月号）。

こうした分類観では、銘スギとは、全国の名木市場に出されるスギのことである。経済価値としてのヤクスギ観が、実にあっけらかんと披歴されている。樹齢五〇〇〜六〇〇年の小杉がほとんどないのは、江戸時代における屋久杉伐採が、良材のとれるこの樹齢のスギに集中していたことを見事に示している。

屋久杉と小杉という区分がいつの時代から始まったか今のところ分からない。しかし、私はその起源は意外に新しく、薩摩藩の本格的な屋久杉伐採が始まってから導入された考え方ではないかと思っている。というのは、木材としての利用価値では樹齢五〇〇〜七〇〇年前後の小杉が最も高く、それ以上の樹齢の屋久杉になると、根の部分が巨大なコブ状に発達し、また内部が腐食により次第に空洞化してくるので、材としての価値が下がってくるからである。材としての有用性という観点からは、屋久杉よりは小杉の方がはるかに高かった。

本章扉で引用した『三国名勝図会』では「屋久島では古来山中の大杉の樹は神木と称していた」とあるから、奥岳域の屋久杉を本格的に伐採するようになるまでは、屋久杉と小杉という分類はなく、「普通の杉」と「神木」という分類観があったかもしれない。現在神木という言葉は屋久島においても死語であるが、「地杉」（前岳部の植栽された杉）と「岳杉」（奥岳部の天然杉）という言葉はまだ生きている。こういう分類観は島津以前にも使われていた可能性はある。また屋久杉と小杉を分ける樹齢

表1　屋久杉と小杉

	屋久杉	小杉
材質	良材は取れない →骨董品的価値	材としての有用性が高い →良材
形状	ごつごつした老木	すっと伸びた若い樹種
樹齢	700～800年以上（1000年以上という樹齢は区切りがいいのでそうされているだけ）	700～800年以下
樹脂	多い	少ない
年輪	密	やや雑
その他の特徴	梢がない、腐食により内部空洞、「欠損体」。材質・堅い、比重・大きい、コブ状に発達した根	生長が旺盛

＊中島ゼミ生 山田千尋作成

一〇〇〇年という現在の指標は、「切りがいい」ため便宜的にごく近年使われているだけである。

しかし奥岳の巨樹を神木とみなす考え方は、いわゆる巨樹信仰に基づくものではない。奥岳域を神聖な空間とみなし、そこでの一切の生産活動を禁止してきた信仰は、そこでの屋久杉が樹齢「一〇〇〇年」以上の巨木であるがゆえに伐採を禁じられたものではない。八重岳の中心部を屋久島の人間はみずからの信仰の核として位置づけてきたから、奥岳域が神聖な空間となり、奥岳での一切の生産活動が禁じられたのである。

樹齢七〇〇年以上の屋久杉になると、梢がなく、内部は空洞で、「欠損体」が目立ってくる。こうした巨木は見ればすぐ分かるので、はるかむかしから固有名詞で呼ばれていたかもしれない。そうした木々に樹霊が宿っているとは信じていても、そこには縄文杉を特別視するような、特定の木への信仰というものは全く存在していなかった。現代屋久島の象徴である縄文杉は、きわめて近代的な思考法の下で「再発見」されたものであり、古代の屋久島の島民がそうした巨大な屋久杉に神意を感じていたと想像してはならない。
以上の議論を整理すると、表1のように整理できる。

樹霊と山の神

いったん神木伐採の禁忌から解放された屋久島では、凄まじい勢いで奥岳域の伐採が始まった。ただそれが森の生態系に決定的なダメージとならなかったのは、伐採が斧による手作業であったためである。また手作業に基づく呪術的な要素も残され、往時の岳の神信仰を完全に消し去るほどには至らなかったことも確かである。「昭和二〇年代まではまだ斧と鋸を使った手作業での伐倒であった。巨大な杉の伐倒には数日かかった。第一日目には根張りを落とし、第二日目に鋸入れが始まる。鋸を入れたらその日のうちに切り倒してやるのが、樹霊に対するはなむけである」(『暖帯林』一九七一年一〇月号)。

また次のようなエピソードも同じ『暖帯林』では紹介されている。樹霊も山の神もまだ生きていた。

昭和三〇年小杉谷での集材作業中に事故が続発するので、その原因が詮索された。すると、誰いうともなく、「山の神がウィルソン株にあるのがいけない、山の神はやはり作業員が朝礼出来るところになければいけない」ということになり、大きな世論となった。当時事業所の山の神は、事業所から数キロも離れたウィルソン株(大株)のなかに祀ってあったために、日ごろ疎遠になっていた。そこで、二〇万円もの大金をかけて事務所近くに立派な社を造り、遷宮した。すると不思議なことに、これを契機として、災害が次第に減っていった。

直径四メートル、胸高周囲一三・八メートルのウィルソン株は、樹齢三〇〇〇年に達する巨木であった。元は単に「大株」と呼ばれていたその切株は、一九一四年来島したアメリカの植物学者アーネスト・ウィルソンが世界的に紹介したことで、ウィルソン株と呼ばれるようになった。畳一九畳ほどの広さのある株のなかの空隙には、清流が湧き出し、益救神社と同じ彦火火出見尊（山幸彦）を祭神とする木魂《こだま》神社が祀られている。

旧暦九月一六日は、山の神祭りである。小杉谷の男衆にとっては正月よりも大事な日で、山の神の祟りを畏れて誰も山に入らなかった。婦人たちは前日に山の神神社を清めて、この日に備えた。安房や宮之浦から神官が上がってきて御祓いを済ませたあと、宴会、余興があり、無礼講の一日が過ぎた（津田邦宏『屋久杉が消えた谷』朝日新聞社、一九八六年）。

江戸時代から昭和初期までの屋久杉伐採は、伐ろうとする杉に足場を組み、地上三～四メートルのところから伐った。伐った屋久杉はその場で平木に加工し、里まで担ぎおろされた。伐られた杉はそのまま朽ちるのではなく、屋久杉に含まれる大量の樹脂のおかげで内部は腐敗せず、地中に埋まったまま何百年も生き続けた。多くの切株、倒木は次世代の苗床の役目を果たし、二代杉、あるいは三代杉といわれる、屋久島の森特有の形状を呈した。

屋久島の森を歩いていると、巨大な杉に斧跡があるのに気がつく。「矢あな」と呼んでいるのだが、これは昔、伐採の際に木質を調べた証拠である。木目を見て、これは良いと思われた木に足場を組み、伐倒にかかった。地際に近くなるにつれて、断面積が広くなり、また「欠点」が多くなるので、そこを避けて切株を高くしたのだろう（『暖帯林』同）。当時の伐採法は切り口をなるべく高くするのが伐木の名人といわれた。切り口が高ければ、勢い高い足場が必要になるのだが、伐採後は足場を除けて遠方に捨ててしまう。その切株を他人が見て、その切り口の高いのに驚くのを誇りとしていたという（柿木司『屋久島林政沿革誌』）。

昭和二八年ごろまでは斧と鋸を使った手作業による伐倒であったから、こうした気風はまだ残っていたものと思われる。縄文杉の「発見者」として有名な故岩川貞次は、屋久杉は伐採しても「木の魂」には成仏してもらうために、念のいった儀礼があったことを、次のように語っている（安渓遊地《あんけいゆうじ》「岩川貞次さん聞き書き」『季刊生命の島』第二三号、一九九二年）。

明日は倒すというときは、飯炊きの少年に川べりのユズリハの枝を三本切ってこさせ、米、塩、塩漬けの魚も準備しておく。木が倒れるときは大音響がするが、倒れたあと、ユズリハを持った少年が、切株の上に飛び乗って、「この木にのぼれ」と叫びます。そのあと米、塩、魚をささげて祈る。大木の魂に呼びかけるのです。魂が空間に迷わないようにしてやるのです。

宮本常一の報告では、樹霊を尊ぶ習慣は、営林署の斫伐《しゃくばつ》［伐採］の始まるまでは残っていたことが分かる。「大きな木に固まり（コブ）があるとか、五尋六尋ほどの高さのところにあるトリ枝のある木はトリマツとかトリスギといって伐らない。山で大きな木を伐るときはヨキを木の根に立てかけておいて、煙草を吸って待っていて、ヨキが倒れていると伐らない」(『屋久島民俗誌』宮本常一著作集一六、一九七四年、未來社、原著は一九四三〔昭和一八〕年刊)。

『屋久町の民俗』(屋久町民俗文化調査報告書二、一九八八年)のなかの、原〔方言ではハルオと発音する〕の山の神の項で、木を伐るときは山の神様に断らなければならなかったことが記されている。「小さい木は別にいいが、大木を伐るときは、斧と鋸を側にそろえて柏手を二つ叩き、〝この木をくださいʺといって斧をいれる。木が倒れたら、切株の根元に生小枝を二本立て、〝ここになおってくださいʺ〔ここへ移ってください〕といっておねがいする」。

チェンソーによる伐採では、ものの四〇分余りで屋久杉の大木を切り倒せるので、こうした樹霊を尊ぶ習慣も「迷信」として捨てられたのであろう。また月ごとの、年ごとの生産目標というノルマがあったから、とてもそんな非合理的なことに時間を割くような暇はなかったに違いない。伐ろうとする屋久杉に、一夜斧を立てかけておいてそれが倒れていなかったら神意によって伐ってもよい、と如竹は岳の神を畏れる島民を説得したとされている。けれども『三国名勝図会』のなかでも「一説によれば」という断り書きを述べているほどであるから、真偽のほどは分らない。むしろそれは後世作られた挿話だと解していいだろう。

3　入会権をめぐる闘い

「屋久島杉」調査報告

明治六年（一八七三）公布された地租改正条例で、政府は財政的基盤を固め、商品経済化、土地の売買・賃貸借を促進した結果、農村経済は大変動を蒙った。薩摩藩では西南戦争（明治一〇年）の影響で地租改正の実施は遅れ、明治一四年（一八八一）に調査はようやく完了した。

明治一五年（一八八二）の『林学協会雑誌』第六、七、八号には「屋久島杉」についての記事が掲載されている（『季刊生命の島』第五号、一九八七年、復刻、山本秀雄解題）。発行の時代から見て、この記事を書いたと推定されている高島得三なる人物は、地租改正の基礎資料の調査のために屋久島を訪れたと考えていいだろう。

高島得三の記事は、江戸時代における屋久杉利用の模様を概観し、屋久杉利用では従前のように島民に伐採させ、官はその監視をなし、相場で買い上げるべきであると提言している。そうでないと島民はたちまち貧窮し、紛擾が起きると警告している。残念ながら、明治政府は高島得三のこの建言をいれず、その後の歴史は高島が憂えた方向に進んでいった。

島の内部は到るところ杉なきの地なし。ただしその大部分は老朽して用をなさず。人造の杉林は、村落の近傍所々にこれあり。一戸につき毎年一五本あて植え込みの旧制ありて、今にいたりてこれを行なう地もあり。ただしその材品下等にて、木目粗濶《そかつ》、板となしがたし。本島の野生品と移植品と大差異あるを知るべし。

杉を毎年各家で一五本ずつ植える習慣があったとされているが、こうして植えられた杉は前岳部の地杉のことである。奥岳のなかに分け入り、岳杉（屋久杉）の苗を採って前岳に移植する習慣が近年まであった。だがたとえ屋久杉の苗であっても、成長の早い低地帯に持ってくると、それは地杉として生長し、岳杉の品質には全く及ばない。

平木を作るには木理《もくめ》の純直にして割き易《やすし》を要す。しかるに、本島の樹は、おおむね巉巌《ざんがん》［切り立った険しい崖］の間に生じかつ老古なるをもって、木理多くは盤錯《ばんさく》す［曲がりくねっている］。ゆえに古来直理《まさめ》なるものを選び取り、末年には大いに現品を得るに苦しみしことありたりと。

こうした記述からも江戸時代において、良材の取れる小杉がいかに集中的に伐採されたかが分かる。環境庁の推定では、江戸時代に屋久杉の約七〇パーセントが伐採された。

村落より二里以内の地はただ腐朽せる切株のみにて、六、七里の深山中にも、到るところ、切株の多きを見る。試みに島民一年間採出の高を概算するに、平木十三万五千束なり。外に小榑木《こくれぎ》

［山出しの板材］の若干束あり。もし二百年来維新まで、この制変ぜざりしとせば、採出の全額、実に驚くべきの大きにのぼれり。

前岳部の巨大杉は地形の悪いところを除いてほとんど伐り尽くされ、奥岳部でも切株の方が圧倒的に多かった。江戸時代に一年間に伐り出す平木は、一三万五〇〇〇束であるが、一束とは平木一〇〇枚のことであるから、一三五〇万枚の平木、それにほかの板材として若干枚が生産されたことになる。平木一枚とは、長さ一尺二寸（三七・七センチ）、幅三寸五分（一〇・六センチ）であるが、厚さが屋久島の平木は五ミリ前後はあったことが知られている。だから平木一束では、厚さは五〇センチになる。その全量を計算すると、一年間に約二七〇〇立方メートルの平木が生産されていたことになる。そのほかの材をいれて約三〇〇〇立方メートルの材が生産されていたと推測できる。すると、二〇〇年間に生産された平木の総量は六〇万立方メートト前後と思われる。

高島得三は続いて次のように記述している。

倒木は従来平木を取る際、木理の盤錯して用をなさざる部分を山中にすておきしものなり。ゆえに幾ばく年となく地上にふし、外面には寄生樹《やどりぎ》および蘚苔《こけ》を生ず。しかれども、これを剝ぎ落とせば、内部の脂気《あぶらけ》多きところなお古時の顔色を失わず、割りて板となすべし。しかして今時は、木理の盤錯せるものを美材となす。ゆえに往時の不要物は化して貴重の品となれり。よりて昨年より郡役所にてこれを島民へ払い下ぐることとなりたり。

当時は木目の真っ直ぐになった柾目材しか使わなかったため、伐採しても捨て置いた樹が相当量にのぼったのである。仮に、実際の伐採量は、平木そのほかの材生産量の三倍とすると、二〇〇年間に伐採された総量は一八〇万立方メートルになる。柿木司は、「約百五十万～二百万立方メートルの立木が伐採された」と推測している（『屋久島林政沿革誌』）。

ところが屋久杉の巨樹は大量の樹脂を含んでいるので、表面には寄生木や苔がついても、内部は元の新鮮な材が残っている。昔は捨てられたものが、明治になって木目が盤錯したものに価値があると見直されて、明治一三～一四年（一八八〇～八一）ごろから、島民に払い下げられた。巨樹としての屋久杉への評価が出てくるのは明治以降ということが明瞭に記されている。

所有権以前の土地制度

地租改正によって土地に対する所有権という考え方を屋久島の人間は痛烈に味わされることになった。それ以前において、土地への所有権という考え方はほとんど見られず、おそらく自分の集落内以外の土地に対しては、所有権というものはなかったであろう。

島津藩下では、広く地割制度が行なわれていた。屋久島もそれに倣った地割制度が行なわれていたが、集落ごとの変異が大きく、地割の行なわれなかったところもあった。以下『屋久島民俗誌』を要約する。

安房《あんぼう》では、家に近いところの所有権は早い時代に確立し、遠いところの土地は誰でも勝手に拓くことができ、村の許可もいらなかった。他村から来ても、村の人が居住を許せば出作り小屋を作り、スダハラであれば焼き払って耕作すればよかった。こういう土地をコバ［木場］という。コバ拓きをするには時間がかかり、半年ぐらいはそこで寝泊まりする必要があった。コバに対する税金というものはなかった。屋久島では税金は、平木で納めることになっていたので、土地に対する考え方も今日とは相当違っていた。コバを何年か使って痩せ地になると山に返すが、そうするともう所有権［用役権だろう］は消滅した。しかしそこを拓いた人の名がそのまま残っていて、今でも何々コバと呼ばれる。そういうコバ址は明治一一年（一八八五）の地租改正の時すべて官に引き上げられた。部落に近いところは所有権が認められた。

麦生《むぎお》では、地割制度が昭和初期まで残っていた。それまでは山を除いた平坦地は、すべて部落の共有地で、毎年その切り替えが行なわれていた。麦生に属する二四の字《あざ》の一つ一つをそれぞれ六十余に分割して、杭を立て、一字ごとに地割を行なう。庄屋が春先にくじ引きで各自の土地を定める。以下同様な手続きで二四字すべての地割を決定する。すると村人は二四筆の畑を持つことになるが、大体芋類などの一毛作が基本の耕作形態で、芋の後は秋に大根などの野菜を少し作る程度であったから、問題はなかった。二四カ所の土地をすべて一戸で耕作できないので、その半ばを人に作ってもらうか、遊ばせておく。また甘藷（砂糖きび）のように、三～四年も続けて作る畑を持っている場合、自分の割り与えられた土地を自分が作っている甘藷畑に当たった人と交換して使ってもらう。

小瀬田の地割制は、村全体の土地を毎年切り替えるのではなく、三圃制であった。第一年、甲地を各個に割り当て耕作。第二年、甲地耕作、乙地を各個に割り当て耕作。第三年、甲乙地耕作、丙地を各個に割り当て耕作。第四年、甲地は休閑、乙丙地耕作、丁地を各個に割り当て耕作。このような割当を行なうのは毎年ある区画ずつであって、三年作ると休閑させた。ただ田とかコバは、地割の対象から外していた。

一湊《いっそう》では、地割はなかった。これは一湊の土地は山が海まで迫っており狭く、また段々畑が多かったので、切り替えが困難であったためである。一湊は漁村で、男は漁稼ぎに出ることが多く、原野は村持で、個人持ちではなかった。畑作は女の仕事で、拓きうる土地はあらかた拓かれていて、土地問題にまで発展するということはなかった。

永田では栗生との間［現西部林道域］の大半が永田領になっていて、地勢は急峻であるが、ここを拠点として出作り耕作が行なわれ、海岸に沿って半山、川原、瀬切《せぎれ》の部落はそうした出作り小屋の定着したものといわれる。現在［昭和一五年］もなお少々出作りが行なわれていて、それは多く区有地の利用で、勝手に拓き放題ということになっている。川原は今廃村になっている。半山も出作りが衰えて廃村同様になってきた。

宮之浦の土地も切替制であったが、ここではくじ引きはなく、コバを拓いた者がそこの耕作権を持てた。地租改正のとき切替制をやめたという。当時の耕作者がそのまま所有者となった。

入会権から見た国有林下戻裁判

ところが、明治一九年（一八八六）宮之浦に農商務省鹿児島大林区の出張所が開設され、二二年（一八八九）官民境界調査によって屋久島の約八割は国有林に編入されてしまった。宮之浦の出張所は、同二四年（一八九一）屋久島小林区となった。

「奥山には大きな杉もあり、何かの役に立つだろうということになって、一々台帳を作り、みんなの拇印などもとって届け出るまでになっていた。ところが那須宗元という役人がやってきて、こんなに広い土地では税金も大変だ、国のものになっても木を伐ることは許される、ということで、あっさりと官有地への編入に応じた。ところが、一旦お上のものになると、杉はおろか下草一本もとれなくなり、人々は事態の深刻さに驚いてしまった」（『屋久島民俗誌』）。そこで明治三三年（一九〇〇）下げ戻し申請書を提出したが、三六年（一九〇三）不許可となった。そこで、明治三七年（一九〇四）同処分の不当性を訴えて行政訴訟を争ったが、大正九年（一九二〇）敗訴が確定した。

明治以前、日本の農山村には入会権《いりあい》というものが存在していた。この入会権が地租改正によってほとんど否定・制限されてしまった。屋久島の山林をめぐる問題もこうした全国的な入会権問題の一環として考えるべきである。これについて、渡辺洋三の『入会と法』（法社会学研究二、東京大学出版会、一九七二年）から、引用する。

入会権とは農民が、一定の林野を支配する慣習上の権利であり、当時の村あるいは村連合の支配する山であった。農民達はその入会地で、採草、放牧、燃料用雑木、時には用材の採取も行なっていた。ところが明治の地租改正で、入会権が否認・解体されてしまった。かつては現在のような所有権が存在しておらず、地租改正で所有権制度が導入されたとき、かつての支配の事実と無関係に所有権が定められ、入会地は入会権者以外に所有権が与えられた。

屋久島でも、明治七年（一八七二）当時の鹿児島県令・大山綱良が二名の大阪商人に屋久杉の伐採許可を与え、さらにこの伐採権を鹿児島の平河風之助が譲り受けて屋久杉伐採を始めると、藩政時代以来の屋久杉への既得権を主張する島民との間にトラブルが発生した。ために地元は「村持は従前通り使わせて欲しい」という願いを申し立て、鹿児島県令・大山綱良は地元民の訴えを支持し、「地租改正までは従前どおり使用してもかまわない」と地元民の要望を受け入れた（柿木司「屋久島林政沿革物語」『暖帯林』一九六二年一一月号）。これは屋久島における住民の入会権を県当局が認めたということであるが、後の裁判では完全に否定される。

渡辺洋三はさらに続ける。

地租改正の初期の段階で、林野の所有権が、官有地、公有地、民有地と区分された。入会地の多くが公有地とされたが、官有地との区分が曖昧であるので、公有地も官有地と民有地に分けられた。このときの基準が農民に著しく不利であり、農民の入会山も所有権の証拠を認めがたいという理由で官有地とされた。地方によっては、担当官が、民有地にすれば高い税金をとられるが、官有地にすれば税金を納めなくてよいうえに従来どおり利用できるのだから官有地にしろと農民を説得して官有地に編入していった。

屋久島での事態も全くそうであったことは前述した通りである。

農民の方から見るとこれは政府の完全な裏切りであり、当然農民の激しい抵抗を招いた。政府の豹変の背後には、国有林経営の本格的展開があった。しかし農民の抵抗も無視できず、明治三二年（一八九九）国有林下戻法を制定し、また国有林野法を制定し、国有林野の管理処分についての基本原則を定めたが、入会慣行を完全に否認することもできず、縁故払い下げ、縁故利用そのほかの形で、実質的に入会慣行を認めざるをえなかった。

屋久島でも行政訴訟に参加しない島民は、前岳部での縁故払い下げを求めて運動を繰り広げ（調印派）、訴訟派（非調印派）と激しく対立した。

再び渡辺洋三から引用する。

しかし、政府は国有地に民法上の入会権が存続することを認めない方針をとり、大正四年（一九一五）の大審院判決で、国有地入会権を否認するにいたった。この判決は、法律論として全く根拠のないもので、今日の学説ではほとんど支持されない。こうした強行判決を大審院が出した背景には、裁判所が絶対主義権力の入会権否認政策に追随する政治的判断をしたものと考える以外ない。

屋久島の行政訴訟に関する資料は、ほとんど散逸して、島民がどのような資料を提出したのか明らかではない。しかし、訴状、あるいは判決の文章から、逆に島民が提出した資料および論拠は推測できる。

まず、原告が上屋久村大字小瀬田外《ほか》六大字、つまり上屋久村（現上屋久町）の各村になっていることとが注目される。原告代表に当時の上屋久村長がなっている。原告が各村であるのは、原告が屋久島の山は、「村持支配林」として各村が実質的に「所有」してきたことを主張したためである。その根拠は島津藩制下における屋久杉伐採を各村が担ったということを、入会権に基づく所有権の根拠としたためである。

原告の訴えに対して、「明治三十七年度第二百十四号裁判宣告書」と題する判決が出された（訴状、判決は、柿木司『屋久島林政沿革物語』による）。下屋久村（現屋久町）も別個に裁判を起こしているが、判決は同時に、しかも全く同じ内容のものが出された。

判決は、屋久島の原生林が、「村持支配」にあったことは原告が提出した各資料から見て明らかであることは認めている。だが、「屋久杉は一度伐採してしまえば、後はほとんど価値のない雑木が残るだけで、山林としては価値がなくなる。たとえ植林をしてもその再生に数千年もかかるのだから、屋久杉を島民が利用してきたのは元本そのものを処分してしまったもので、係争山林を所有してきたとは認めがたい」という驚くべき論理を展開している。原告は藩制時代各村が屋久杉を伐採し、それを平木に加工して年貢を納め、各種の収入を得てきた事実によって主有権を主張して、また明治初期の大山県令の通達によって山林所有の事実が確認されたと主張しているが、「屋久杉を採取した後にはほとんど何も残らない、土地よりも高価な屋久杉を採取し尽くした後では、薩摩藩が各村にどの部分の伐採をいつ許可したのか明らかではないので、所有権を主張しても認められない」。原告は、屋久島が米・粟がとれないため、それに代わって平木による年貢の納入を行なってきたと主張しているが、そうであれば採取する屋久杉は一定量である必要があるけれども、そうではなく、原告のいうように無制限に利用してきたと主張するのはおかしい。原告の主張するように、屋久島には貴重な天然杉が自生し、島民はその屋久杉を利用してきたことは認めるが、すべての屋久杉が利用に適しているわけではなく、「平木採取というのは、大海における漁業稼ぎと同じことだ」。

平木生産を、漁稼ぎと呼ばれた漁業と同じだとする指摘には笑ってしまう。両者を略奪経済としての共通項があると見るならば、当たっているが、屋久島の山の場合、また、当時の技術水準からして、屋久杉を伐採した後「何も残らない」とするのは明らかに間違っている。何も残らないどころか、倒木上更新などの自然の摂理で第二世代の屋久杉が生長し、また倒木は朽ちることなく残り、次の世代の苗床として立派に役割を果たしてきた（それが今日いう土埋木である）。また屋久杉を除いてもなお残る森の存在については意図的に無視している。漁業でも林業でも、資源を枯渇させるほど乱獲、乱伐を行なったのは、きわめて近年の出来事である。

渡辺洋三によれば、全国的に農民は、「村持」「村進退」「内山」などと呼ばれている山林の「所有権」を求めて下戻運動を行ない、下戻裁判を闘ったが、政府は初期にはその権利を認めていた原則をみずから否定し、村持は決して民有の性質を有するとは認めがたいという態度にまで後退していった（「下戻裁判における法律的問題」前掲書）。

こうした経緯を考えると、屋久島の行政訴訟は負けるべくして負けた。その後、非調印派と調印派との争いが急となり、島の政情が不穏となってきた。ために、今日「屋久島憲法」と呼ばれている「屋久島国有林経営の大綱」が大正一〇年（一九二一）発布された。面積四万二〇〇〇町歩（四一七平方キロメートル、屋久島全体の面積が五〇三平方キロメートルだからその八割以上に当たる）の国有林のうち、保護林ならびに純官行施行林に属するもの、すなわち奥岳部を除いた前岳七〇〇〇町歩（六九平方キロメートル）を地元住民の利益になるよう、委託林制度の設立、稼業用として薪炭材の採取を許可すること、屋久島の道路建設を図ることなどが定められた。

屋久島において、「屋久島憲法」を高く評価する傾向がある。「裁判には負けたが、実質においてはその目的を達した」（『屋久島民俗誌』）と受け止められていた。宮本常一の見解、あるいは彼にそう書かせた地元民の見解はその本が書かれた昭和一五年前後までは当たっていたかもしれない。ところが、渡辺洋三によれば、こうした政府の方針は「農民の入会権を論理的に否定しておいたうえで、その副産物採取についてのみ、これを恩恵的に認める」（前掲書、四四頁）ものであった。「屋久島憲法」はそうした政府による「恩恵の下賜」の一つであり、実質勝訴などとはとてもいえない結果となったことが、その後の歴史で明瞭となってくる。

第2章

開発の時代

西部林道の崩壊

この小さな離島から現在年産一〇億円に上る林産物が伐りだされている。しかし鹿児島県の調査によればなお三〇万キロワットの水力資源を包蔵しておりこれを開発すれば年間一九億K・W・H［キロワット時］のエネルギーを取りだし得る計算である。さらに豊富なる水の利用を研究すれば数千町歩の水田が容易に開拓できるであろう。

この国宝的資源の宝庫屋久島は開発されぬままに島民は年間僅に五〇〇〇万円に過ぎない不安定な飛魚漁業に米塩の資を仰ぎ猫額大の耕地に芋を作って生活苦に喘いでいる。その対照は一つの悲劇である。

この島の水力電気を開発し豊富低廉かつ安定した電力によって、電気化学工業を起し、また土地改良を行って民生の安定を計り、さらに観光を促進する方策を講ずるならばその繁栄は期して待つべく、離島振興の好模範となるであろう。

内野正夫「資源の宝庫屋久島の開発」『資源』一九五七年一一月号

1　国有林経営の開始

インフラの整備

国は明治三七年（一九〇四）ごろから、小杉谷周辺の屋久杉を本土の業者に払い下げて伐り出させていたが、大正五年（一九一六）には小杉谷に官行斫伐《しゃくばつ》事務所を設置し、国自身が伐採事業を行なうことを明らかにした。そして、大正一二年（一九二三）屋久島国有林開発の拠点として小杉谷製品事業所が開設された。

ところが、大正一三年（一九二四）、屋久杉の原生林は国の特別天然記念物に指定された。先に引用した田代善太郎『鹿児島県屋久島の天然記念物調査報告』は、特別天然記念物指定のための調査であった。植物学上貴重な屋久杉は保護し、そうでない小杉は伐る、というのが「屋久島国有林経営の大綱」時代の精神であった。当時の伐採も斧と鋸だけを用いた伐採であったから、まだ生態系を大きく破壊するということはなかった。

安房から安房川水系を一六キロ内陸に遡った地点にある小杉谷は、海抜六四〇メートル、面積一六平方キロ、年間降水量七〇〇〇ミリの屋久杉生育の最大の適地であった。その小杉谷の事業所は、一九七〇年八月閉鎖され、四八年の歴史に幕が落とされた。小杉谷周辺の屋久杉をほとんどすべて伐り尽くしたため、その使命を終えたためであった。

熊本営林局林友会発行の『暖帯林』は、一九七〇年九月号から一九七二年四月号まで一四回にわたって、「屋久杉とともに――小杉谷事業所半世紀の歩み」と題するシリーズを連載している。営林署による屋久杉経営の実態を知るうえで、これほど当事者の本音が率直に出されている資料はない。それが、実際に屋久杉伐採の作業を指揮した人々の目で見られた記述であるという点でも、興味深い。

国は、大正一〇年（一九二一）の「屋久島国有林経営大綱」に基づいて、屋久島の道路の建設に取り掛かった。『暖帯林』一九七〇年一〇月号によれば、当時の屋久島では道らしき道はほとんどなかった。村のなかに幅二メートルほどの道があるほかは、村を出ると踏み分け道ほどになり、橋は木の橋か、丸太を渡しただけのものだった。この道路建設は屋久島開発の第一歩として位置づけられた。まず安房―栗生間に延長四二キロ、幅員三メートルの下屋久沿岸林道が昭和五年（一九三〇）完成した。昭和七年（一九三二）には、安房―永田間が開通した。安房川、宮之浦川にも、それぞれ長さ一一〇メートル、一五〇メートルの大橋が完成した。

昭和四二年（一九六七）永田―栗生間二五キロが完成し（現県道上屋久永田屋久線、通称西部林道）、島一周道路がここに竣工した。同年一〇月三〇日栗生小学校で、関係者一〇〇人以上が参加して記念祝典が催された。西部林道地区は急峻な山が直接海まで迫っている地帯で、難工事をきわめ、工事費も場所によっては一メートル二万円もかかった。『暖帯林』は、「これは後年の屋久島に残す歴史的な行事であった。この林道の竣工によって島内一周道路はついに現実のものになり、屋久島の幹線道路として、産業・経済・文化などすべての面においてはたす役割は大きくその成果が期待されている」と西部林道開設の意義を強調している。

西部林道は屋久島が世界遺産に登録された一九九三年に大幅拡幅計画が持ち上がり、開発の是非をめぐり賛否両論の激しい議論が交わされた。地元議会ではいったん建設賛成の意向を示したが、反対運動の盛り上がり、および環境庁の慎重姿勢などの影響を受けて、一九九七年夏鹿児島県はその計画を凍結した（一九九九年建設の中止を正式決定）。林道建設と並行して、山から伐り出した木材を運び出す森林軌道が建設された。小杉谷森林軌道（正式には森林鉄道二級安房林道という）は、大正一一年（一九二二）春から建設が始まった。屋久島の若者はもちろん、本土からもたくさん山稼ぎを入れ、安房から小杉谷まで一六キロ、幅員二メートル、平均勾配一〇〇分の四メートル、二四の橋梁と一六のトンネルを持つこの工事が、着工の翌年の大正一二年（一九二三）には完成した。小杉谷森林軌道はその後事業箇所の移転に伴って、年々新たな軌道を延ばしてゆき、事業の最盛期には総延長二六キロにも達した。小杉谷から下りるときは、屋久杉を満載し、ブレーキ一本でトロッコ（トロ）を制御しながら、急な坂を下りていった。安房から登るときは、ディーゼル機関車（最初はガソリン機関車）で引き上げなければならなかった（『暖帯林』一九七〇年一〇月号）。

津田邦宏は小杉谷が沿岸の村と全く異なり、日本各地から出稼ぎにやってきた荒くれ者の世界であったことを指摘している（『屋久杉が消えた谷』）。確かにそうした側面もあったのであろうが、屋久島は元々、外来者に開かれた島であった。私の四代か五代前の父方の先祖は、幕末のころ、現鹿児島県金峰町辺りから、木挽として屋久島に渡ってきたと聞いた。江戸時代屋久島は流人の島であったが、各村に蟄居させられた「罪人」は冤罪のこともあり、また男でも、女でも「読み書き算盤」などの点で優れた者が多く、無学の島人から重宝された（『屋久島民俗誌』）。

昭和32年ごろの運材風景（屋久島自然保全センター提供）

現在の屋久島には多数の移住者が住んでいる。そのなかに、小杉谷の最後をＮＨＫの「新日本紀行」で取り上げた映像カメラマンの日下田紀三氏がいる。日下田氏はＮＨＫを退社して屋久町・高平に移り住んできた。屋久杉自然館の館長をやっている日下田氏に、なぜ屋久島だったかと一度質問したときに、「自分の故郷の栃木辺りに比べると、コミュニティーが閉鎖的ではなく、非常に入りやすかったからだ」と答えてくれたのが印象的だった。宮本常一は屋久島を流人の島と見て、外界から閉ざされており、そのために屋久島に人材が出なかったのだと述べているが、たとえ屋久杉が御禁制ではあっても、武士、商人、漁師、流人、それに山師など屋久島には外界の多数の人々が出入りしている。そのような人々のなかには屋久島に根づいた人間もいるはずであるから、古くから屋久島は外界に開かれていた島であった。なお森林軌道は昭和初期に宮之浦にも作られ（岳森林軌道・総延長二一キロ）、宮之浦川上流部での伐採に威力を発揮した。

開発の時代前夜

昭和二六年（一九五一）、初版が発行された林芙美子の『浮雲』は、太平洋戦争中仏印（現在のベトナム）で知り合った、ゆき子と富岡が、敗戦後のどさくさのなかで、どん底に落ちて行く様を、重苦しい雰囲気で描いている。敗戦後職を失った富岡は次第に虚無的になり、ゆき子も米兵のオンリーさんになるなど、行き当たりばったりの生活を送る。富岡は最後の賭けとして、屋久島の営林署の仕事を見つける。富岡の愛人として、富岡に頼るしか展望の開けないゆき子は、懇願して富岡に同行するが、鹿児島で結核が発病。しかも末期的な症状で、やっとの思いで安房に到着するが、ほとんど回復の見込みもない状態にまで悪化してしまった。富岡が小杉谷に入っている間にゆき子は激しく喀血し、そのまま事切れてしまった。

林芙美子は、『浮雲』取材のため、昭和二五年（一九五〇）四月屋久島を訪れている。これは「主婦の友」社の企画で、同社の記者とカメラマン二人が同行している。「屋久島紀行」（『林芙美子全集』第一六巻所収、文泉堂出版、一九七七年）によると、取材旅行でも実際悪天候のため四日間鹿児島に足止めされている。台風接近と県知事会があるとかで一日で宿を追われて、小さな旅館を当てがわれた。空襲に焼けた鹿児島の町は、林芙美子の記憶にある鹿児島をすべて消し去っていたが、右で述べたような些細な事件も、彼女の故郷喪失感をさらに大きくする。「鹿児島は、私にとって、心の避難所にはならなかった。何となく追われる気がして、この思いは、奇異な現象である。私は早く屋久島へ渡って行きたかった」（同）と、失望の色を隠さない。

目指す屋久島はその先、種子島を経由して、船で一昼夜かかる、旅路の果ての島であった。なぜ屋久島だったのか。「屋久島紀行」でも、小説『浮雲』（全集第八巻）でも、映画「浮雲」（高峰秀子、森雅之主演、成瀬巳喜男監督、東宝、一九五四年）の方でも、そこが「日本最南端、国境の島」であることが強調されている。奄美、トカラ列島は、昭和二八年（一九五三）まで米軍の施政権下にあった。だからそれまでは屋久島が日本最南端、国境の島であった。『浮雲』の最後の舞台設定に、そうした当時の屋久島がおかれた境界性という意味は大きいだろう。

またそこに、林芙美子の「南洋」体験も影響を与えている。彼女はほかの作家と同じく、戦争中は「銃後を守る文学者の会」に所属し、大東亜共栄圏各地を訪れている。林芙美子がそこで何を見、考えたかはいくつかのエッセーによって知ることができるが、戦争中の休筆が戦後の爆発的な活躍を準備したといって積極的に評価する意見もある。ただ林芙美子には戦争そのものを問い直そうとする視点はなかった。芙美子自身は「屋久島紀行」で、「戦前インドシナ、マレイ、ジャワ、ボルネオなどを訪問したことがあるが、その同じ黒潮の流れに浮いた屋久島に行く」としか書いていない。だが鹿児島で閉塞していた彼女の空間認識を拡大するのに、「南方」体験が、小さくはない影響を与えていたのも事実であろう。

林芙美子は、昭和二五年（一九五〇）当時の屋久島をどんな眼で見ていたのだろうか。彼女は屋久島そのものにはほんの三日間しか滞在していない。彼女は朝、照国丸で鹿児島を出て、種子島の西の表にまず行き、夜九時ごろ西の表港を出航し、翌朝宮之浦港に着き、そして目的地の安房港に、朝九時に着いている。

凄い山の姿である。うっとうしいほどの曇天の空に変わり、山々の頂きには霧がまいていた。全く、無数の山岳が重畳と盛り上がっている。欝蒼とした樹林に蔽れた山々を見ていると、人間が住んでいる島かと思えるほどだった。

屋久島を船から見ると、まず、海抜零メートルから、いきなり二〇〇〇メートル近くまでの高度差を擁した、その圧倒的な力動感に感動することがあるので、この気持ちはよく分かる。

昭和二五年（一九五〇）四月の安房というと、昭和二四年（一九四九）一一月生まれの私は、生後六カ月のときで、安房の貯木場近くの営林署の官舎に住んでいたはずである。もちろんその当時の記憶は全くないが、家の入口の敷居で転んでできた、両方の眉毛外縁部の傷跡だけは今も残っている。「屋久島紀行」を読むと、確かに体験しながらも、全く記憶にとどまっていない、私の幼少時の世界をかいま見させてくれる。

安房港に沖止まりして、はしけで岸に着くのであるが、はしけが渚に近づくにつれて、林芙美子は、岩礁が転々と波間に見え、海水が緑色に澄みきっていることに気づいている。そして安房名物の吊橋が眼に止まり、川の入り江に景山丸という三〇〇〜四〇〇トンばかりの白い材木船がもやっているのを見いだす。この景山丸は私も記憶があって、私の母などは、宮之浦の実家に帰るとき、時々この船を使っていた。

林芙美子一行は、着いたその日の午後トロッコを仕立ててもらって、まず太忠岳を目指した。そこで一泊して、次の日小杉谷に行く予定であったが、林芙美子が風邪ぎみなのと、途中雨に濡れたことで、安全をとってその日のうちに、そのまま安房に引き返した。

林芙美子はそのトロッコの印象を次のように記している。

断崖の狭い道に敷いたレールの上を、ごうごうと機関車は音をたてて登った。欝蒼とした山肌は時々、真紅の煉瓦色をしていた。ヘゴという、大きな羊歯の一種が繁っていた。つわぶき、鬼あざみ、山うどが眼につく。トロッコは荷物とたくさんの山行の人達を乗せて、断崖の上を走っている。雨が降ったりやんだりした。

四月の屋久島の山並みは、山桜の淡い赤緑が美しい。私は営林署勤務の父に連れられて、しばしば小杉谷にトロッコで登ったことがある。帰りは伐り出された屋久杉の大木を何両もつないだトロッコが、ブレーキ一本で安房まで下って行くのであるが、それに便乗した。目のくらむような断崖の恐さと、新鮮な空気を切り、視界が開けてくる解放感がたまらなく嬉しかった。私の見た小杉谷は昭和三〇年（一九五五）ごろのものである。

翌日彼らは新品のバスを借りきり、尾之間まで行った。途中谷の深い川にかかる橋がいくつも腐っていて、肝を潰している。原ではバスが珍しくて子供たちが裸足で、何里も追いかけてきたとある。尾之間までのわずか四里の道のりを二時間かかって着く。尾之間では砂糖きびから作る黒糖工場を見る。お土産に黒砂糖をもらうが、甘いものの嫌いな彼女はそれを持て余した。屋久島ではお茶菓子に、この黒砂糖をそのまま出すことがかなり最近まであった。安房でも黒糖工場があり、山と積まれた砂糖きびの殻の上で遊んだ記憶が私にはある。

屋久島の産品として砂糖きびのほかに、ポンカン、飛魚、牛馬、海藻類、木炭、松脂、木材、樟脳、皮革といったものがあると林芙美子は記している。「時々人家の軒先に、犬の皮の干してあるのを見た」とのことだが、本当だろうか。ついでに彼女は次のような印象を記している。「この村では政治に対する気持ちは無関心ともいえる程度なので、判然りとした党派はない様子だった。純朴な気風は、私の見た種子島とは、多少違うのではないかと思えた」。政治的に全く無関心の林芙美子に、「屋久島は政治的に無関心」といわれるのは滑稽である。だがそのあとに新聞の普及率が三二パーセントで、そのうち南日本が三〇六部、朝日が八七部、毎日が六八部、読売が一三部、赤旗が一部と紹介されている。南日本の購読者がダントツなのは分かるが、それにしても毎日が朝日とほぼ同数の購読者があり、読売が最低を記録しているのは、さすがに今は昔である。

夕方安房まで戻ってくると、次の日に時化をついて、橘丸が宮之浦まで来ることが分かった。そこでまたバスをチャーターして宮之浦まで行くことにしたが、バスの交渉を待つ間、荒物屋で鉛筆を一本買うとお茶に呼ばれた。そこに朝方麦生から、二里の道のりを裸足で歩いて、味噌を買いにやってきたおばあさんに再会する。この当時味噌などはほとんど自家製であったが、よっぽど急にいるようになったのであろう。やけに裸足で歩いていることが強調されているが、裸足かどうかは別にして、この当時屋久島の人々はよく足で歩いていた。道路が悪く、車が少ないためであったが、宮之浦―安房間なども、ほとんど歩いて往復していたと聞いた。

彼女の滞在時の屋久島は荒れ模様で、山はほとんど雨が降り、平地は晴れても風が強かった。この滞在時の取材が『浮雲』で生かされるのは、屋久島が雨の島だという一点に絞られる。むしろそれを極端に強調する形で、屋久島をかなり強引に舞台に使ったとも思われる。林芙美子は、この取材の一年二カ月後（一九五一年六月）に死ぬ。享年四八歳。これは以前から彼女の健康は悪化していて、また無理な雑誌連載が重なったために死期を早めた結果である。それを荻昌弘のように、「屋久島の実地踏査の過労が彼女の死期を早めたという事実がよく示している通り、（この島でゆき子に死を与えたように）この作品の充足で彼女の生を完結させたともいえるのである」（『キネマ旬報』第一一二号、昭和三〇年三月上旬号）、というのは事実ではない。

『浮雲』とは、「一切の幻滅の底に行き着いてしまって、そこから再び燃え出るもの、それが、この作品の題目であり、『浮雲』という題が生まれた」（あとがき）。富岡はゆき子の亡骸を前にして焼酎を飲んだ。二人の昔の思い出が酔った脳裏を横切り、彼はますます酔いに落ちて行く。一カ月富岡は酒びたりだった。その後一週間の休みをとり、鹿児島に行った。ゆき子と泊まった宿屋に行くと、同じ部屋に案内された。夜、天文館でまた浴びるほど酒を飲み、宿に送られてきた。その飲み代は、ゆき子が怪しげな新興宗教団体からかすめてきた五〇万円の一部であった。もはや屋久島に帰る気力もないが、さりとて土葬にしたゆき子を一人屋久島に残して去ることもできない。いまさら東京にも戻れない。「富岡は、まるで、浮雲のような、己の姿を考えていた。それは、何時、何処かで、消えるともなく消えてゆく、浮雲である」。

国策最前線小杉谷

安房―小杉谷間に建設された森林軌道の第一の役割は、小杉谷で伐採された屋久杉などの木材の搬出であった。運んだ木材の総量は四〇万立方メートル（『暖帯林』一九七〇年九月号）。先に江戸時代二〇〇年間に伐採された屋久杉の総量を、二〇〇万立方メートル前後と推計したが、江戸時代二〇〇年間の年平均伐採量を、小杉谷事業所だけで伐採したことになる。しかも、機械を使った皆伐方式が導入される昭和二八年（一九五三）以降、伐採量が飛躍的に増えている。小杉谷事業所の素材生産量は、昭和三一年（一九五六）に六万九石（一万六八〇〇立方メートル）にも達した。昭和二七年（一九五二）から昭和四四年（一九六九）まで毎年平均、一万五〇〇〇立方メートルもの素材を生産している。そのうえに、「土埋木《どまいぼく》」として集材された量はこの統計には入っていない。

それ以前はいわば江戸時代の延長で択伐が主であり、山の神などへの信仰も残されていた。だがチェンソー時代になると、森林というものを徹底的に収奪の対象と見てしまい、小杉谷は「屋久杉の墓場」と呼ばれるまでに収奪され尽くし、森そのものの死をもたらした。同時に、明治初期まで全く利用されてこなかったヤマグルマの木も利用され出した。ヤマグルマからのトリモチ生産は、大正末期から始まった営林署の屋久島国有林経営においても、屋久杉、木炭生産に次ぐ、収益を上げている。当該年度に伐採した林班内から伐倒したヤマグルマの木の皮を剝ぎ、十分に水洗いした後、池のなかにつけこみ、三～四カ月後樹皮が完全に腐敗したら、取り出して突きつぶし、水と湯で漂白し、一週間水に晒して水切りして完成品となる（『暖帯林』一九七〇年一一月号）。

営林署による屋久杉伐採も、基本的には屋久杉だけを伐採する択伐だった。大正一〇年（一九二一）制定の「第一次施行案」（大正一一～昭和七年）では、「屋久杉は特別天然記念物なのだから禁伐とする。当分の間は現存する切株および倒木より採材するので十分だ」として、「普通の杉が特別高齢に達したいわゆる屋久杉」の伐採を禁じている。この姿勢は「第四次施行案」（昭和二八～三七年）の開始まで続けられる。

それでも次第に機械力が導入された。大正一四年（一九二五）米国製集材機が小杉谷に導入された。熊本営林局内では屋久島が一番に導入された。大正一四、五年には、太忠岳国有林内に経三フィート（約一メートル）の水車を動力源とする工場が造られた。帯鋸《おびのこ》、自動摩擦丸鋸《じどうまさつまるのこ》、などを持つ当時としては近代的な製材工場ができた（『暖帯林』一九七〇年一一月号）。

こうした時代において、屋久杉を小杉と峻別し特別視する認識がさらに明確になった。江戸時代には小杉は良材であるから伐採され、屋久杉は良材がとれないから敬遠され、そのために伐採を免れた。ところが、大正末期、昭和に入ってからは、屋久杉は特別天然記念物として保護する価値を有するが、小杉は普通の杉なのだから、その伐採にはなんのお咎めもなくなった。そしてこうした区分も大規模伐採時代には、屋久杉は「銘スギ」とも呼ばれ、樹霊を尊ぶどころか、その商品価値しか見ない態度にまで達してしまった。

昭和一八年（一九四四）、国内森林資源の総動員のために戦時特殊令が発布され、「一本でも多くの丸太を戦場に」という合言葉の下、素材、木炭ともに平常の二倍の生産が義務とされた。昭和一八年度には、小杉谷事業所で一万六〇〇〇立方メートルの木材を生産した（『暖帯林』一九七〇年一一月号）。

戦後の木材需要の要因は、戦後復興のためである。昭和二二年（一九四七）農林省の外局として林野局（後の林野庁）が新設され、戦後の混乱時のため独立採算性が採用された。この独立採算性をとったことが屋久島の木材資源の乱伐を後に引き起こす原因となった。ほかの地域の赤字を屋久島で稼ぎ出そうとしたのである。

昭和二八年（一九五三）屋久島電気興業（現屋久島電工）の千尋滝《せんぴろのたき》発電所が完成した。その電力を用いて電気集材も可能となり、昭和二八年度の生産量は、五万八〇〇〇石（一万六二〇〇立方メートル）であった。当時の小杉谷事業所主任・斉藤兎紀夫は、「当時の体制としてはよくやった、小杉谷は九州一の事業所だ」と胸を張っている（『暖帯林』一九七一年一二月号）。

国有林の経営でも、機械力の導入［チェンソーや集材機など］とそれを使いこなす作業員の技術の向上、あるいは林道の整備と輸送機関の充実など一連の生産基盤の整備によって、仕事のやり方も変わってきた。また広葉樹類も従来は搬出しても採算が合わず、ほとんど切り捨てられたが、この活用も真剣に考えられるようになった。特にミヤコダラ（山桐）などは従来全く利用価値がないと考えられてきたが、ある業者がその活用のみちを考え出した。

従来屋久島では、伐採現場から一本一本トロッコに積んで安房まで下ろし、それを鹿児島まで運んで販売するという方式をとっていたため、輸送コストがかさみ、昭和二〇年代の後半まではいい木だけを搬出していた。ところが、生産基盤が充実するにつれて、木材の伐採・利用も次第に集約的に行なわれるようになった。

屋久杉の根株を伐採するようになったのも昭和二八年（一九五三）からである。林道の周辺に片側五〇メートルは伐採しない区域を残すよう経営計画の取り扱い要項では定められていたが、これも伐ってしまった。昭和四一年（一九六六）伐採現場を訪れた熊本営林局監査課（当時）の宮村邦雄は、この間の事情をこう説明している。「一昨年［一九六九年］から屋久島の自然保護の問題が出てきて、屋久島の国有林における自然保護のあり方が再検討されてきたが、当時としてはああいう方式をとらざるをえなかった。そのころは自然保護よりは地域開発をどうするかということが先決で、離島振興法に見られるように、開発ということが当時としては国策でもあった。またわれわれとしても開発をすることが島に住む人たちの福祉増進につながるものとかたく信じて疑わなかった」（同）。

2　開発の時代

大面積皆伐

『暖帯林』一九七一年三月号は、択伐の時代が終わり、皆伐の時代がどのように始まったかを興味深く伝えている。昭和二五年（一九五〇）国土総合開発法が制定され、南九州では大隅、熊毛、都城、日南の四地区がその特定地域に指定され国土保全と資源開発が目標にされた。開発の遅れた大隅半島と熊毛地区が鹿児島県の戦後の開発政策の中心となった。屋久島の開発は、こうした時代の雰囲気のなかで決定されていった。昭和二八年（一九五三）「離島振興法」が制定され、鹿児島県はそれに基づき、熊本営林局の協力のもと、屋久島の電源・道路・屋久杉の開発を強力に推し進めることにした。

昭和二八年以降の屋久島の総合開発計画を受けて導入されたのが、「大面積皆伐法」であった。これは尾根筋を除いて山のほとんど全部を根こそぎ伐採し、伐採後に杉などの経済性の高い針葉樹を植えていく方式であった。その前提としてはチェンソーの導入、伐採された雑木のパルプ材などへの活用、伐採跡地により経済性の高い樹種を植え込むというシステムの完成が挙げられる。

この実態を、『上屋久町郷土誌』から見てみよう。淡々とした記述のなかに、かえってこの時期の伐採の物凄さが伝わってくる。

昭和三二年（一九五七）「国有林経営合理化大綱」が策定され、同三三年（一九五八）「国有林生産増強計画」および「国有林野経営規定」が改正された。改正の要点は、「森林を公共性を求める一種林、経済性を求める二種林（用材林）、地元との関連を求める三種林（共用林、部分林）に区分し、伐期齢は利用価値を考慮して定めた。また、収穫規制を蓄積維持から生長量増大方式に切り替え、標準伐採量に見あう伐採面積に更新した」。このため、二種林以下の木材を伐採できる体制が整えられた。

昭和三六年（一九六一）「生産増強計画」を改訂し、収穫量の二〇パーセント増が計画された。昭和三九年（一九六四）「林業基本法」が制定され、四三年（一九六八）「森林法」の一部改正を受け、四四年（一九六九）「国有林野経営規定」が一部改正され、将来の生長量を見込んだ標準伐採量の例外規定は通則化された。つまり、（森林の）「保護主義」で出発した国有林経営は、「経済採算性、企業性の確保」を力点とする方針へ大転換がなされた。

また、二種林においては、「低質広葉樹」（イスノキ、椨、シイなど）を皆伐し、跡地を杉の人工林化するという方針のもとに、昭和三八年（一九六三）屋久島森林開発株式会社などに立木処分され、これら業者による伐採、島外への持ち出しが大規模に行なわれた。昭和三二年（一九五七）初頭の林相は、針葉樹林五五九ヘクタール、広葉樹林八五八九ヘクタール、針広混交林一万三一一〇ヘクタールなど、計二万五五一四ヘクタールであった。これは、屋久島の半分がまだ鬱蒼とした森林だったことを意味している。その蓄積量は、二億四六〇〇万立方メートルと膨大なものだった。

昭和三三年（一九五八）の「生産力増強計画」により、年間標準伐採量は、同年七万六六〇〇立方メートルに増大し、同三六年（一九六一）には九万立方メートル、同四二年（一九六七）には一七万五〇〇〇立方メートル、同四四年（一九六九）には二一〇万立方メートルへと急増した。

表2は、屋久島国有林における収穫量の推移を示している。この表を見てまず気づくのは、昭和三五年（一九六〇）以降広葉樹の伐採量が急増していることである。三八年以降は広葉樹の伐採が倍増し、昭和四七年（一九七二）年ごろまでこの傾向が続いている。

『上屋久町郷土誌』を補足すると、この時代は次のように要約される。

前岳部の伐採は永田から始まり、時計回りに、一湊、宮之浦、安房、尾之間、栗生へと続いていった。奥岳部でも尾根筋を除いて奥岳深くまで大面積皆伐がなされた。現在、各集落から前岳を見ると、パッチワークのように杉が植栽されている無残な山容が拡がっている。豊かだった森はこうして消えていった。水の流れも変わり、一湊の轟の滝（布引きの滝）、宮之浦の羽神の滝などの名瀑が、滝としての魅力を失ってしまった。その後には、災害の多発と、餌がなくなり、山を下りて里で果樹などを食い荒らすようになったサル、シカによる食害が待っていた。こうした大面積皆伐を実際に担い、伐採後の植林、下払いなどを実際に行なっていったのは、営林署の下請け機関である屋久島林業開発公社と、屋久島森林開発株式会社である（現実はその孫請けに、両町の共用林組合があった）。

『上屋久町郷土誌』はこれについて、大略以下のように記している。

屋久島林業開発公社は、昭和三六年（一九六一）設立された。この公社設立の趣旨は、屋久島の一八パーセントを占める民有林における拡大造林の推進である。つまり、伐採後禿げ山となってしまった跡地での造林がその目的である。資金は、造林補助金以外は農林漁業金融公庫、鹿児島県、および地元両町、共用林組合からの借入金である。

設立当初は松の植栽が考えられていたが、松くい虫の被害および奥地造林を考慮して、屋久杉の植林に転換した。昭和三八年（一九六三）から上屋久営林署から五ヘクタールを借りて直営の育苗を開始した。屋久杉の苗を実生から育て、肥培した。本来の目的である拡大造林では、後者は共用林組合に作

表2　屋久島国有林における収穫量の推移

単位：千立法メートル

年代＼種類	針葉樹	広葉樹	計
大正 14（1925）年	11.1	41.5	52.6
昭和 5（1930）年	24.2	14.9	39.1
10	8.4	33.7	42.1
15	9.8	73.4	83.2
25	17.4	21.3	38.7
30	34.4	11.2	45.6
35	31.8	64.8	96.6
36	36.9	57.7	94.6
37	31.2	55.2	86.4
38	29.9	116.4	146.3
39	29.8	123.1	152.9
40	23.9	98.1	122.0
41	29.5	149.1	178.6
42	30.2	133.3	163.5
43	24.9	131.8	156.7
44	31.5	142.1	173.6
45	22.8	132.4	155.2
46	24.7	111.5	136.2
47	23.7	92.7	116.4
48	24.4	72.4	96.8

出典：『上屋久町郷土誌』506 頁

業を委託し、収入の二〇パーセントを国庫に納入し、残り八〇パーセントから手数料を差し引いた純益を地元共用林組合に還元しようというものであった［数年前からこの還元は組合員に始まった］。

屋久島森林開発株式会社は、国有林経営と密接に関連し、昭和三八年（一九六三）設立された。設立には林野庁側が主要木材パルプ企業に設立を依頼して、屋久島内の国有森林資源の開発を行なうものとされた。屋久島森林開発株式会社は、上屋久、下屋久両営林署の年次計画にしたがって、立木（特に低質材）の払い下げを受け、各出資会社が、木材チップに加工することであった。伐採跡地の地ごしらえ、植林、下刈り、の事業も実施していたが、一九七八年以降は地元の森林組合に引き継がれた。

こうした各種の事業によって、屋久島の原生林は、昭和三五～三六年（一九六〇～六一）ごろから約一〇年間に猛烈な伐採を受け、「乱伐ともいわれる状況」を呈した。島の原生林の約八割は伐採されてしまった。

屋久島電源開発

屋久島を海から訪れる者は、運がよければ、奥岳の全景を眺めることができる。海からいきなり一〇〇〇メートル級の前岳が壁のようにそそり立ち、その背後に最高二〇〇〇メートル近くの峨々たる山々が連なるこの島の量感に圧倒されない者はないだろう。

ところが、船が宮之浦港に近づくにつれて、人々は一本の巨大な煙突に目を奪われる。昭和三四年（一九五九）操業した屋久島電工の工場の煙突なのである。屋久島は「自然の宝庫」という先入観を強く持っている者ほど、その存在を無視し、あれは何かの間違いだろう、と自分の「風景」のなかからその存在を切り取ってしまう。これは間違いでも何でもない。昭和二八年（一九五三）に始まる屋久島の総合的開発計画の具体的な現われが、この煙突に象徴されているのである。それは日本が高度経済成長時代に突入する直前のことであり、屋久島の開発というものもそれとの関連なしには論じられない。

屋久島の豊富な水と高低差を利用して水力発電を起こし、電気化学工業を開発しようとする計画はすでに大正時代からあった。だがいずれも資金的な問題と開発後の電気をどのように利用していくかという問題で、採算が合わず、計画は頓挫していた。ところが敗戦後、久保田豊の注目するところとなり、いっきに実現の方向に進んでいった。

久保田豊は、日本のダム、水力発電開発では忘れることのできない人物である。戦前には朝鮮の鴨緑江開発を手掛け、戦後は東南アジアにおける戦時賠償の一手段として、主要河川のダム建設と水力発電計画を推進していった。この人の眼には、川イコール水力であり、ダムであった。久保田の構想のモデルになったのは、アメリカのテネシー川流域の開発である。ＴＶＡと呼ばれるこの開発は、一九二九年の大恐慌による大量失業と経済の失速を公共投資による地域開発で乗り切ろうとした。ＴＶＡは教科書的には大成功といわれてきたが、現在ではアメリカはダムを造る政策を止めてしまったので、長期的に見た場合、一時の経済効果よりも環境悪化の方がより深刻だという結論に至っているのではないだろうか。

久保田豊は戦前からこのＴＶＡ方式による多目的ダムの建設による開発を志向していたが、それが実現するのはビルマにおける戦時賠償を、サルウィン川上流部での少数民族地域に多目的ダムを造り、首都周辺の開発を行なうことで〝チャラ〟にしてしまう方式がビルマ政府と確認されてからである。日本がひもつき資金を援助して開発を行なう、現在のODA（政府開発援助）型の援助形態がこのとき確立された。

昭和二七年（一九五二）久保田豊の日本工営を主企業とする屋久島電気興業株式会社が設立され、翌二八年安房川中流の千尋滝発電所が建設された。落差七〇メートル、発電量一〇〇〇キロワットのこの小型発電所は、主に営林署の電気集材用電源に利用され、残りは次期の開発用電源とされた。

このころ、屋久島の里の開発をめぐってさまざまな私案が登場した。いずれも総量三〇万キロワットの水力発電を基礎にして、電気化学工場、電気製塩工場、電気製鉄（砂鉄銑鉄）計画などであり、種子島を経由して、本土に電力を運ぶという計画も本気で検討された。こうした私案のなかから実現したのが、昭和三四年（一九五九）屋久島電気興業を改組した屋久島電工株式会社である。翌三五年（一九六〇）安房川の一支流である荒川にアーチ式ダム（正式名称は尾立ダムだが、通称は荒川ダム。高さ五三・五メートル、有効貯水量二〇〇万立方メートル）が完成し、安房川第一発電所で最大出力二万三〇〇〇キロワットの発電量を得ることができた。

屋久島電工は、一湊港を積み出し港として利用し、宮之浦に工場を建設することにした（しかし、宮之浦港の整備に伴い、積み出し港も宮之浦港に移った）。主要な製品は、初期にはカーバイト、耐火レンガであったが、昭和四二年（一九六七）ごろからフェロシリコン、炭化硅素などの生産量が増大した。期待されていた電気製塩は見送られ、電気製鉄計画は許可されなかった。当時の屋久島は、「資源の島」として脚光を浴びた。電力開発、電気化学工場の建設は地域開発、離島振興のモデルともてはやされたが、屋久島電工はいざ操業を始めると、高度経済成長時代を迎えた日本経済に飲み込まれ、またその後急追してきた韓国、中国経済による追い上げにあって失速し、今や創業時の熱気はほとんど消えうせてしまった。

屋久島にこうした開発計画を受け入れさせた最大の理由は、一次産業以外は見るべき産業のない「貧しい離島」という現実であった。昭和二八年（一九五三）上屋久、下屋久両村連名で提出された陳情書「屋久島総合開発実施促進について」には胸を打たれる。陳情書は、農林水産の第一次産業の振興のみならず、電源開発とそれを利用した工業化、そして工業化の前提となる、道路、港湾などのインフラの整備を幅広く求めている。屋久島を「自然のあふれる共生の島」と讃歌する人々が屋久島で心底からは歓迎されない理由は、屋久島がたどったわずか四〇年前の出来事を全く理解していないからである（黒瀬郁二「戦後日本と屋久島開発――電源開発・工業化計画の展開を中心に」『変わりゆく地域と産業』鹿児島経済大学地域総合研究所編、文眞堂、一九九三年参照）。開発を是とするこうした姿勢は今でも基本的には変わっていない。

大手企業を入れて地場産業を強化しようとする試みは、屋久島電工以外に石油備蓄基地構想、ヤマハによる海上レジャー基地構想なども構想された。縄文杉にロープウェイを架けようという構想も、こうした問題の一環として考えてもよいだろう。

屋久島の場合には、日本のほかの離島、農・漁村と同じく、過疎という問題が深刻である。屋久島の人口は昭和三五年（一九六〇）ごろに二万五〇〇〇人というピークを迎えてからは一貫して減少し

図1　屋久島の人口推移

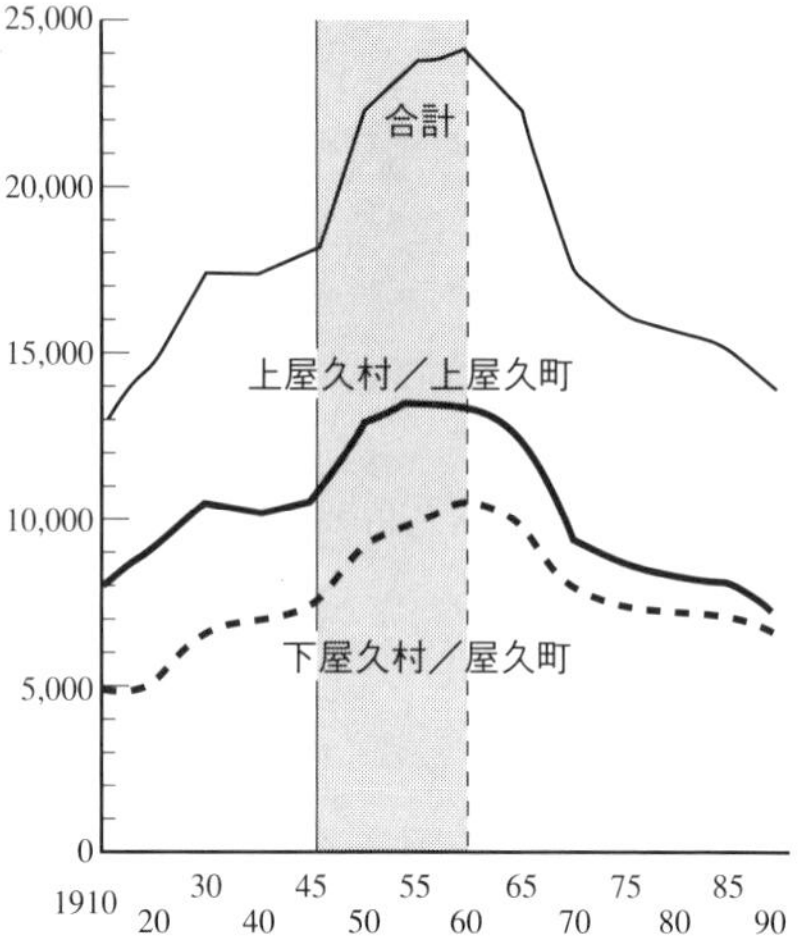

注：上屋久町の町制施行は1958年、屋久町のそれは翌59年。
出典：『変わりゆく地域と産業』31頁

ている。現在、上屋久、屋久両町合わせても一万四〇〇〇人を切っている。これは一九一〇年代の水準である。屋久島電工の誘致に成功した上屋久町の方が、人口の減少は激しく、屋久町の人口と現在ではほとんど変わらないぐらいまで現在では減ってしまった。

屋久島電工は地元に働く場を提供しただけではない。私は小学生のとき、煙突から煙を出す屋久島電工の工場の絵を描いて、特選に選ばれたことがあった。当時の子供心にそうした光景は珍しいと思われたであろうし、その光景が屋久島の将来進むべき姿であると思われたのであろうか。それは日本の近代そのものの姿なのであった。

屋久島電工ができたことで、特に宮之浦の産業の形態が大きく変わった。それ以前は宮之浦でも稲作をやっていた。屋久島電工は屋久島電工に土地を提供した人々から優先的に労働者に採用していったので、屋久島電工は屋久島の住民に史上初めて、役場、学校などの公務員以外の、サラリーマンを生み出した企業である。一時期屋久島電工だけで四〇〇人ぐらいの従業員を抱え、港湾、荷役などの関連産業を合わせると、上屋久町の半数近くの住民がなんらかの形で屋久島電工に関わりを持った。

「サラリーマンはいいな、毎月決まった額の収入があるから。そうしたらきちんと計画を立てて生活

図２　屋久島の産業別就業人口の推移

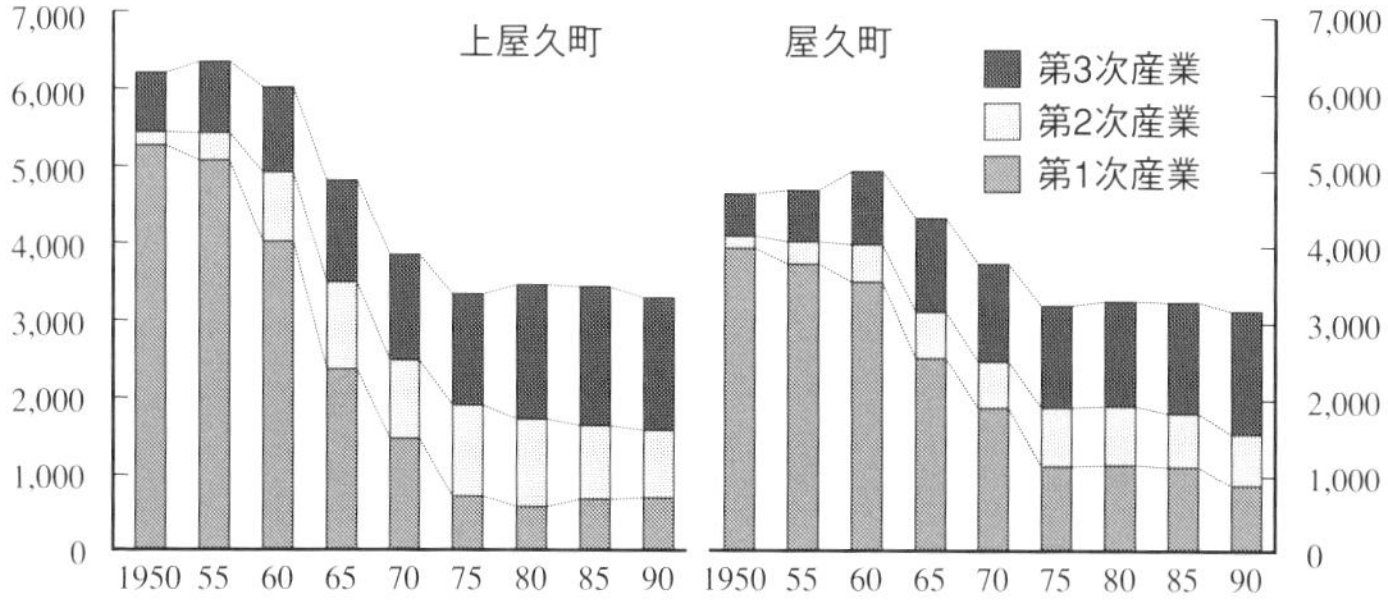

出典：前掲書47頁

設計ができる」。子供同士でもこういう会話をよくやっていた。屋久島電工は屋久島に、都会の生活形態をいくらか感じさせる雰囲気を持っていた。そこでの仕事が三交代制のきついものではあっても、「早出、遅出、夜勤」といった言葉が人々の日常生活に飛び交い、その瞬間だけは確かに、都市生活者となんら変わらない生活スタイルをとることになったのである。

日本鋼管、小野田セメントなどの資本参加で始まったこの屋久島電工も、現在、日本鋼管は資本参加から離れている。また経営基盤の確立のたびに合理化を行ない、余剰人員のために本業以外の副業（建材店経営、米・酒類販売、衣料品・ゴルフ用品販売など）に精を出し始め、そのため、零細な商店が休業に追い込まれているのも実情である。またゴルフ場まで計画した段階もあった。さらに、工場の煙突から出る煤塵は、宮之浦の集落に落下し、深刻な被害を出している。こうなると屋久島電工の問題は、決して古い話ではなくなる。屋久島に近代の息吹を伝え、島の外の生活の魅力を人々に伝えたのも屋久島電工であるが、資本の冷徹さを教えてくれているのも屋久島電工なのである。

全島的に一次産業従事者のかなりな部分は島を出てしまった。

ところが、そうした傾向に反して、宮之浦だけにはほかの部落からも人口が集まり、現在上屋久町の人口の半分近くは宮之浦に集中している。屋久町でも奥岳登山の根拠地安房だけは人口が増えている。屋久島全体で人口が減っているが、細かく見ると屋久島のなかで人口の二極分解が進行しており、宮之浦と安房が、屋久島のなかで小さな「都会」となって肥大化してきた。

とにかく宮之浦の景観変化は凄まじい。宮之浦港は、今では一万トン級の大型船でも停泊できるようになった。昭和四〇年ごろまでは確かに存在した砂浜は今はなく、海岸はコンクリートで固められ、道路を大型車両がわがもの顔に走り回っている。屋久島の海岸道路を夜車で走ると、海沿いの暗い片側一車線の道を走ることになる。台風接近時は暗いうえに暴風まで伴うので、一歩間違えると海、崖の下に転落という危険がいつもある。だが、宮之浦付近に来ると、街の光で空が煌々と照らされていることに気づく。港、屋久島電工、役場、NTT、スーパーマーケット、総合運動場、総合病院と都市機能が集中した宮之浦に往時の離島苦はないかのようだ。それに反してほかの集落は公共投資を基盤とする産業構造にますます依存している。

3 「自然の宝庫」という神話

屋久島の森の特徴は、垂直分布の多様性にある。海岸部の亜熱帯性気候から、山頂部の亜寒帯性気候まで垂直的に植生が変化しており、それが屋久島の魅力だとされている。屋久島には一五三科、一二七三種の植物が見られ、このうち屋久島を南限とするものが約二二七種、北限とするものが約八〇種あり、屋久島の固有種は四三種に及んでいる。また高温多湿の気象と関連して、着生植物が多いということも屋久島の特徴である。ヤマグルマが屋久杉に着生し、ときには寄生相手の屋久杉を絞め殺してしまうほど巨大に発達することもある（このためにシメゴロシといわれる）。そのほかに蘚苔類や、羊歯類が発達し、巨木の樹幹に着生して、独特の形状を呈している。

こうした多様性は、屋久島が氷河時代に海水面が下がったときに南下してきた北の植物が、氷河時代が終わって海水面が上昇し、山の上へと追いやられ、屋久島独特の亜種へと変化していったことによる。また、地理的に屋久島は春秋の低気圧が通過する地帯であり、梅雨、台風、冬の季節風と年中雨が多く、平地で四〇〇〇ミリ、山岳部では一万ミリもの降水量に達するほど、雨（奥岳では冬、雪となる）の多い島である。水と太陽の光があふれたこの島は、植物の生長にはこのうえなく好都合な島なのである。こうした特徴を背景として、屋久杉は生長した。

一九八〇年から実施された環境庁による屋久島の自然環境総合調査の一環として、栗生の小揚子川《こようじがわ》流域の植生の垂直分布を調査した入倉清次は、これまでの仮説が植物の相観、種組成、優先度などを指標にして垂直分布を決めてきたが、これらの異なった属性を相互に関連づける指標作成を試みた。入倉の仮説は素人には分かりにくいが、いずれの特徴を用いた分類をしても、高度一〇〇メートル以下と、九〇〇～一〇〇〇（一二〇〇）メートル付近は、うまく分類されない地帯であるという。だから入倉は、「方法的には一貫性を欠くが、高度一〇〇メートル以下の［地帯の］存在を認め、九〇〇～一〇〇〇（一二〇〇）メートルをその上帯の連続でとらえたほうがいい」と主張している（環境庁自然保護局編「屋久島西部における植生の垂直分布帯の構造」『屋久島の自然』一九八五年)。

海抜一〇〇メートル以下とは、黒潮洗う海岸部で、ヘゴ、ビロー、ガジュマル、アコー、クワズイモ、オオタニワタリ、リンゴツバキ、それに栗生川の河口ではメヒルギというマングローブの一種が自生している。尾之間付近を除いて、屋久島を亜熱帯性気候と呼ぶには冬が寒すぎるが、植生の一部にはそうした特徴が見られるのは確かである。それから海抜九〇〇~一〇〇〇(一二〇〇)メートルというのは、針広混交樹林が見られる地帯であり、ヤクスギ、モミ、ツガ、ヒノキ、ヤマグルマ、ヒメシャラ、などの植物を特徴とする。高度によってゆるやかに植生が異なっているのであり、それを一つの指標でまとめようとすると無理が出てくる。

だが、こうして提示された垂直変化による屋久島の植生のモデルが独り歩きし、観光客のなかにはいまだに、屋久島は麓から全山鬱蒼たる森林におおわれていると勘違いしてくる者も少なくない。こうした人々にとって、島津藩による屋久杉伐採も、営林署による国有林の経営も、屋久島の電源開発も、全く異次元の出来事なのである。こうしたモデルそのものが、屋久島から、手つかずの自然はほとんど消えてしまったことを認識の枠組みから消し去ってしまう。そもそも「原生林」といういい方は屋久島の森を表わす言葉としては適当ではない。しかしながら、昭和二八年(一九五三)までの森の利用は基本的には手作業に基づく、択伐であった。こうした利用法の下では、屋久島のような植物の生長の条件が揃っているところでは、森は天然更新をすることができた。

このような実情を知らない限り、屋久島の「自然」を保全するいかなる活動も成り立たないだろう。田川日出夫の『世界の自然遺産屋久島』(NHKブックス、一九九四年)では、植物生態学上から見た

針広混交樹林帯に立つ夫婦杉

屋久島の特徴を描きながらも、屋久島における自然保護運動の歴史についてわざわざ一章を設けている。屋久島の今後に大きな責任を負っている学者にこのような事実を書かせているのは、やはり屋久島自然保護運動の高まりの結果なのである。屋久島の自然は所与のものとして与えられたのではない。それは「かちとられた」ものである。

一九七〇年以降、地元でも東京でも、あるいは全国の屋久島研究者、知識人らを巻き込んで、屋久島の自然保護運動は高まった。瀬切川右岸（西部林道域）の見事な森が伐採を免れたのは、こうした運動の成果である。その詳細について本書では取り上げない。その一端は、長井三郎の「追いつめられた照葉樹林」（『望星』一九八二年六月号）に見られるが、今後地元の手で詳細な記録の出版が望まれる(1)。

この時代は全国的に反公害運動が高まった時期でもある。昭和四六年（一九七一）環境庁が設立され、高度経済成長への疑問が公然と論じられるようになった時代でもある。林野庁も、一九七二年新施行方針を決定した。「貴重な動植物保護、学術研究などのための保護林の増設、レクレーション利用のための森林整備、亜高山地帯の森林の自然景観維持、配慮の必要な森林については天然更新の活用」などが規定された。こうした林野庁の経営方針の変化を受けて、安房川上流の屋久杉ランド、宮之浦川の一支流である白谷川の白谷雲水峡などの、自然休養林が設定され、多くの観光客が手軽に屋久島の自然を楽しめるようになった。

伐採は最盛期ほどの規模ではないが、現在でも続けられている。伐採跡地に杉などを単植する愚はもはや取られず、伐採跡地は天然更新に委ねられている。聞くところによると、伐採後ヒメシャラだけが元気に育ち、「肝心の」屋久杉はあまり生えてこず、営林署の職員はがっかりしているそうだが、こうした短期間の結果からしか自然のリズムを見ようとしていないところに、営林署による国有林経営の底の浅さを感じる。また伐期も屋久島の一八一林班を二四〇年ごとに伐採するというような長期経営の方針がとられている。だがそれで問題がすべて解決したと考えてはならない。

【注】

（1）柴鐵生『あの十年を語る――屋久杉原生林の保護をめぐって』五曜書房、二〇〇七年参照。

第3章

山と海をつなぐ円環

昭和初期の永田岳岳参り（大牟田勝芳氏提供）

愛子岳より見た奥岳主要部。中央に宮之浦岳、右に永田岳、
左に栗生岳、翁岳、黒味岳が見える（長井三郎氏提供）。

屋久のお嶽を　おろかにゃ　思うなよ
金のな　チョイサヨ
庫よりゃ　なお宝な
ア　チョイサヨ　バイサヨ

屋久島民謡「まつばんだ」

1　山と海との出あい

商工会夏祭りのなかの「伝統」

「伝統は創られる」。これは、イギリスの歴史家、ホムズボームの言葉であるが、屋久島の夏祭りを見ながら、この言葉を思い出した。あるいは、近年日本各地で盛んになってきている、村おこし、町おこしのためのさまざまな仕掛けを見ながら、ホムズボームのこの言葉がますます迫力をもって、私に迫ってくる。

上屋久町商工会主催による夏祭りは、最近ますます大規模なものとなってきた。月遅れのお盆の前の週の土曜日、日曜日の二日間、上屋久町役場前の広場で催されるこの夏祭りは、折からの観光客も入れると、四〇〇〇～五〇〇〇人ほどの見物客でごった返す。上屋久町の人口は一万四〇〇〇人余りの屋久島の人口の半分であるが、屋久町からも見物人が繰り出す。屋久町の夏祭りには、逆に上屋久町からも見物に出かける人もいる。娯楽の少ない島の人々にとっては、年に一度の「大イベント」である。

初日は、「ドラゴンボート漕ぎ」が行なわれる。各部落から、小学生、中学生の代表が出て部落対抗で行なわれる。また大人の部では、各団体対抗という形で競争がなされる。いずれの対抗戦も、日ごろのライバル意識をかき立てるので、応援にも熱が入る。

このドラゴンボートなる競争がいつ屋久島に入ってきたのか定かではない。以前は、「押し船」が五月の節句の日にあった。宮之浦の四つの町《まち》ごとに青年が出て船を漕ぐのである。押し船をしないと川の神がたたる、といわれた（『屋久島民俗誌』）。この押し船も、一九七〇年ごろを境として行なわれなくなった。まず、過疎によって、船を漕ぐ青年が少なくなったということがある。次に漕ぐべき船がなくなってしまったことも原因として考えられる。木造船を維持するためにはお金もかかるし、船大工もいる。こうしたことが重なって「押し船」は廃れていった。

それにとって代わるものが、「ドラゴンボート」なのであろうか。グラスファイバー製だから、船の維持にお金がかからないし、第一、櫓を漕ぐのではないので、特別な技術もいらない。子供でも、女性でも参加できる。それにしても、せっかく「押し船」の伝統があったのだから、町で船を数隻作り、夏祭りでは「ドラゴンボート」と並行して、むかしの「押し船」を復活させたらどうだろうか。

それよりも私の関心を引くのは、この祭りが「御神火《ごじんか》祭り」と呼ばれていることだ。私の観察によれば、「御神火」とは、岳の神の霊を示す火のようだ。宮之浦川のなかに大きな櫓を組み、そこで燃やす火のことを「御神火」といっている。御神火の火入れは、二日目の夕方行なわれる。まず、日本名水百選に選ばれた白谷雲水峡から、「御神水」を汲んでくる。神官の先導で、いかにも神話の時代から飛び出してきたと思われる白装束に身を包んだ青年が、一斗桶に入れられた「御神水」を背負子に背負ってやってくる。

御神水が到着すると、神官が祝詞をあげ、広場の中央に組まれた櫓の上の「屋久島太鼓」が打ち鳴らされる。枠を屋久杉で作ったというこの太鼓は、実はそう古いものではない。確か一九七〇年ごろから、種子島太鼓の技術を習い、屋久島太鼓というものが創造された。起源は新しいが、この太鼓が新しい「伝統」となり、この太鼓の修行に励む若者が出てきたことは喜ばしいことだ。「御神水」、「屋久島太鼓」と続くと、いよいよ「御神火」の点火となる。川のなかの櫓は、岸から三〇メートルは離れている。そこに「火矢」を射て点火するのである。火矢を射る前に、火おこし棒で最初の火をおこす工程を見物人にも協力してもらう。そこで、非常に興味深い言葉が聞かれた。

「屋久島では、山側と海側の対比が重要です。だから、縄を、山側と海側の方に引っ張ってください！」。司会のこの言葉を合図に、火おこし棒につけられた縄が引かれ、男木と女木の摩擦で火がおこると、いよいよ、火矢が放たれる。

巧妙に仕掛けられた矢は、無事、川のなかの櫓の木片に着地し、あっという間に燃え広がった。それがガソリンを染み込ませた木片であることは、すでに相当暗くなってきたなかではほとんど気づかれない。ガソリンの燃える黒い煙は、折からの「岳おろし」（山風）で川面に低く流れ、人目には煌々と燃える巨大な火球だけが浮かび上がる。その光によって、まだ薄明るい羽神岳《はがみだけ》の山の端が、見上げる夜空にくっきりと照らし出されている。

羽神岳は、前の羽神（一一二七メートル）、後の羽神（一一二八メートル）、それに東羽神（一〇七八メートル）と三つあり、三者が屏風のようにそそり立っている。宮之浦の前岳である後の羽神の頂上には、「一品宝珠権現」の祠が祀られている。白谷雲水峡とは、この羽神岳の東側の尾根と楠川歩道が合流する地点にある。

「御神火祭り」の主催者が、どこまでその意味を知ってこの祭りを企画して行なっているかはよく分からない。「あまりにも手が混み過ぎ、作為が目立つ」と嫌う者もいることは確かである。事情の分からない観光客などは、これが古い時代から行なわれてきた祭りであると錯覚を起こすこともある。私なども最初は、その作為性に辟易していたのだが、「新しい伝統だ」と理解すると、おもしろい試みだというふうに意見が変わってきた。願わくば、屋久島民謡「まつばんだ」で歌われたように、「御岳は金の庫よりなお宝」という意識を、主催者がしっかりと持って欲しい。

「まつばんだ」とは、「松万歳」という言葉に由来するらしい。藩政時代に、宮之浦の島奉行所の松葉の座で島の女たちが歌った歌という意味から、松葉の座がまつばんだに訛ったという説がある（下野敏見『屋久島の民話』第一集、未來社）。むかしは屋久島中で歌われていたが、次第に廃れ、最後の伝承者が安房に残ったという。旋律は完全な琉球音階で、三島村（黒島）、十島村（悪石島、宝島）にも同じ歌が分布している（『上屋久町郷土誌』）。

民謡「まつばんだ」は、藩制時代の屋久の御岳の重要性を歌っているが、その意味を探っていくと、山も海も屋久島の生活には不可欠であり、両者の交流のなかに人々の生活が成り立っていることを示している。それが、「山と海の対比が重要」という真の意味である。

一品宝珠権現と一品法寿権現

屋久島の山中には、「一品宝珠権現」の祠が至る所に祀られている。三岳（宮之浦岳、永田岳、栗生岳）の頂上、花之江河、ウィルソン株の木魂神社、各前岳の頂上、あるいは参詣者を迎える各集落の「詣所《もいしょ》」にも祀られている。ところでこの「一品宝珠権現」とはなんのことだろうか。なぜ屋久島の山中にこの祠が祀られているのだろうか。
下野敏見は、「一品は正一位、宝珠は潮満つ珠、潮干る珠で、天津日高彦火火出見尊のこと」だと述べている（『トビウオ招き、日本文化の伝承を薩南諸島に探る』八重岳書房、一九八四年）。これに対して、屋久島の郷土史家山本秀雄は、古老の伝承を下にして「一品法寿」〔宝珠ではない〕とは「水の神」のことであるという。「古老の話ではイッポンホウジュのホウジュは法寿のことであり、宝珠ではない。島の山中にある詣所の石碑も法寿と記されている。ホウジュを宝珠ととり、塩満つ珠、塩干る珠のこととするのは神道風の解釈である。この石碑は、最初法寿と表記されていたところ、神道の影響を受けて宝珠と表記するようになった」という。
「宝珠」が神道の神であるという解釈は正しくはないと私は思うが、「法寿」が仏教用語だとしてもその意味がはっきりしていない。またそうすると「一品」という文字が説明できない。だが山本説の特徴は、あくまでも屋久島の人間が「そう解釈している」という点で強みがある。つまり「一品宝珠権現」の民俗解釈学である。おそらく普通の屋久島の人間には、「イッポンホウジュゴンゲン」とはいったいなんのことだかよく分からなかったに違いない。「ホウジュ」が「宝珠」であっても、「法寿」であっても全く構わない。要は「山は水によって生かされている」という意味には変わりはない、ということである。[1]
なお『三国名勝図会』では「益救神社を俗に一品法壽権現と称する〔傍点中島、宝珠ではない〕」、とされている。また「宝壽」という表現も見られる。『三国名勝図会』の時代においても表記に混乱が見られる。

「山は水によって生かされている、イッポンホウジュとはそうした島民の考えを具現したもの」という山本説を私は基本的には了解するが、「法寿」が先であって、「宝珠」は後から神道風な見解を受けて変化したとするのは受け入れられない。むしろ仏教用語としての「宝珠」が先で、「法寿」はその意味が分からなくなってきてからの解釈であり、さらに「宝珠」の神道風解釈が生まれたのではないかと推察する。というのは、「宝珠」という言葉は日本の民俗宗教では頻繁に使われている言葉であるが、「法寿」という用法は見いだされないからである。

私は屋久島に修験道の影響があったと確信している。修験道の影響は、三岳という三所に権現を祀っていることでも想像される。三岳の神はもともと別々の信仰の対象であったが、「一品宝珠権現」を祀る考え方の下に一つに統一されたものと思われる。三岳という考え方は、宮之浦岳を益救神社の奥の院と見なす考え方とは、明らかに異なる。「三所権現とか三山というのは、三山三社制で、上中下の三宮三院制ではない。熊野三山がもとで、これは別々に成立した三山を管理する修験が連携して一大修験集団になった。平安末期から全国の山岳宗教は、その影響を受けてきた」（『現代宗教〈二〉』特集山岳宗教、春秋社、一九八〇年）。もとは別々に信仰されていた山が、その後の権力関係のなかで一つに編成された。

宝珠という文字は修験道において特別な意味がある。一般的には宝珠とは仏教用語で、「頭がとがり、上部や両側から火炎の燃え上がっている形の火の玉で、どんな希望でもかなえてくれるとされる」（『古語大辞典』小学館）。修験道において、「宝珠」とは、弘法大師、あるいは修験道の開祖といわれている役行者《えんのぎょうじゃ》のことである。

奥熊野を見下ろす玉置山（和歌山県十津川村）には玉置三所権現が祀られ、熊野あるいは本宮の奥の院として仰がれてきた。神仏分離までは、大峰修験道の道場であった。玉置三所権現は、悪魔降伏《あくまこうふく》怨敵退散《おんてきたいさん》の神、狂乱病脳消除《きょうらんびょうのうしょうじょ》の神、そして農民の五穀豊穣の神として信仰された。同時にこの山が海上の目当てとなることから、海上安全・豊漁祈願などもかなえてくれる神として、農民と漁民双方から崇められた。この玉置山延喜由来には、「三所如意宝珠之事」と記されているが、これは『高野山秘記』などにも見られるように、弘法大師ゆかりの宝珠の本質を説いている。「この宝珠信仰の背景には、竜宮を媒介にして、海洋宗教と山岳宗教の結びつきが潜んでいると考えられる」（五来重編『修験道資料集〈二〉』一九八四年）。こうした宝珠信仰のあり方を見ると、熊野から屋久島に直接影響が及んだ可能性もある。

修験道は鹿児島県薩摩半島の金峰山にまで達した。「金峰山由来記」には、本地垂迹説によって、蔵王権現勧請の由来、金峰山の本岳・東岳・北岳にある堂、祠の位置、金峰山と周囲との地理的位置関係、伝説、歴史などが述べられている。そこでは、金峰山の南に位置する開聞岳を、補陀落《ふだらく》［インドの南端にある観音の住む霊山、観音浄土］の峯として、そして彦火火出見尊《ひこほほでみのみこと》［山幸彦］の入海の地と捉えている。ここは密教弘通の霊嶽であるという。開聞岳まで密教が伝わってきたのであれば、屋久島は指呼の距離であるので、ある程度影響があったと考えるのはきわめて自然である。

「金峰山由来記」『修験道資料集（二）』のなかで、宝珠信仰と日本神話とが、本地垂迹説に基づいて融合されているのが私の興味を引く。

大日経に曰く、菩提心の浄らかなるは如意宝珠《にょいほうじゅ》なり、これ阿字《あじ》［梵語でいう万物の根源］勇健の菩提心に無蓋荘厳《むがいそうごん》の功徳を具すとはこれなり。劫［梵語でいうきわめて長い時間の単位］の初めに法然［自然《じねん》］としてかの宝珠ついにこの天地両盤《てんちりょうばん》となる。また宝珠あり。形、鶏卵のごとし。開いて宝幢《ほうとう》となり、葦毛《あしのけ》のごとし、国常立尊《くにのとこたちのみこと》と号す。法身地より神力加持をもって国常立尊となりて、天地両盤を安立し、大悲地より為他現身《いたうつしみ》［他のために我が身］をもってイザナギ、イザナミの尊となりて、この国界を成立し、方便地より普賢色身をもって、大日孁貴尊《おおひるめのむちのみこと》となりて大日本国の太祖たり。信解地より応化身をもって悉達太子《しったたいし》となり南閻浮提《みなみえんぶだい》の法王なり。悲願地より大慈三昧に入り、金剛蔵王となりて金峰山に住し秐《マ》秐《マ》の身相を示現して、秐《マ》秐《マ》の性欲に相応す。これ大悲願力の故なり。［読み下しは中島による］

仏の心は宝珠であり、尽きぬ功徳を備えていた。宇宙の始まりのときより宝珠は天地を支える対の盤となっていた。あるいは宝珠とは、はじめ、鶏の卵のような形をしていた。それが割れて、国常立尊となり、神意と加持を得て、天地を安立させ、転じてイザナギ、イザナミの尊となり、この国が生まれた。釈迦の御心をもって金剛蔵王となり、金峰山に住んで、天下に神々の威令を示している。なによりも、宝珠とは自在に変化し、イザナギ、イザナミになり、オオヒルメノムチノミコトになる。わがヒコホホデミノミコトは彼らの子孫に当たり、「一品とは令制で親王の位階の第一位」という意味だから、「一品宝珠」とは「ヒコホホデミノミコト（山幸彦）」を指すようになった。

次に、権現とは、仏教の言葉で、権化《ごんげ》や化現《けげん》などといって、仏や菩薩がこの衆生を救うために、権《かり》の姿で現れたものを指す。修験道研究の権威、五来重は、次のように説明している。「本来密教の考え方には、権化の理論（インカーネーション）というものがあった。つまりさまざまな仏や守護神の属性を直ちに具象化、あるいは受肉化していく方法である。仏教が伝播していく過程で、それぞれの地域の神々、あるいは仏教に反抗し、これに恨みをもち祟りをなすような神々、そういう鬼神や悪心をどんどん守護神化する、仏の救済力や慈悲力に包摂していくわけである」（『現代宗教（二）』特集山岳宗教）。

つまり、日本の神は仏や菩薩の権現であると考えて、神名の後に菩薩や権現の称号をつけることが、古くから行なわれたわけである。僧俊寛が流された鬼界島（鹿児島県三島村硫黄島）には、「硫黄大権現の宮」が祀られていた（明治以降は熊野神社となる）。

山幸、海幸の竜宮伝説と、修験道による山岳信仰は、仏教の民衆化という歴史の過程のなかで、出あい、融合していった。このようなことを背景に、「一品宝珠権現」という名づけは誕生した。

2　岳参りの宇宙

岳参りの空間認識

屋久島の空間認識において、前岳と奥岳という分類が重要であることは、第1章の冒頭で述べた。前岳部は生産活動域であり、奥岳は神域として生産活動を禁じられていた。その奥岳の神聖性がなくなっていく過程が、屋久島の近代の歴史であった。奥岳の中心、三岳（宮之浦岳、永田岳、栗生岳）は屋久の御岳信仰の中心である。各集落はそれに直接通じているわけではない。それぞれの集落は、三岳に対して、各集落の祀る前岳を介在して通じている。

岳参り（タケメェ）とは、屋久島の空間認識に関わる参詣登山である。各集落では、春と秋の二回、あるいは一回でもよいが、とにかく、決められた日取りの日に、村の青年が奥岳と前岳にそれぞれ参詣登山をする。浜でみそぎをした青年は部落のお宮にまず参り（あるいはお籠りをし）、それから三岳の一つを目指す。多くの場合、宮之浦岳が最終的な目標となる。奥岳に登るグループは、日帰りで往復することは不可能だったし、登山道の整備された今日でも、山中で一泊することが義務づけられている。

奥岳に登った一行が帰ってくると、部落の代表は彼らを「サカムケ」に出かける。「サカムケ」とは、山と里との境界の地で、里の安全と豊穣を山の霊に祈願してきた一行を出迎えることである。一行は道中の無事を山の霊に感謝し、村の代表は酒肴をもって彼らの労を慰める。その後一行は村に帰るが、奥岳で手折ったシャクナゲの枝を、各家庭に配る。宮之浦では、部落に着いてから、益救神社で正式の酒盛りが始まる。村の費用から酒肴代を出し、青年が準備する。この行事を「ウチムケ」と呼ぶ（『屋久島民俗誌』）。

こう考えると、「サカムケ」には、「境迎え」という字を当てたくなる。「サカムケ」には、「坂迎え」「酒迎え」「逆迎え」などの字を当てることも考えられるが、「ウチムケ（内迎え）」に対する「サカムケ（境迎え）」と考えた方が最も合理的である。岳参り（タケメェ）における内と外という意識は、海から里を経て山に至る、屋久島の世界観を見事に表現している。

　すると岳参りとは、里における豊穣を山の神に祈願するだけではなく、山の神を里に降ろし、その霊によって里の安寧を図る、という考え方に基づく行為だと捉えられる。シャクナゲを手折ってきてそれを各家庭に配るということは、シャクナゲを山の神の依り代と考えたから行なわれるのである。もっとも、現在そうしたことは「自然破壊」ということで許されてはいないが。

　岳参りを一般化して述べてきたが、そのやり方は各集落でかなり違っていた。例えば、永田の大牟田勝芳さんは、現在七〇代に達しているが、戦前における永田岳への岳参りについて次のように話してくれた。


　永田岳には年二回参詣していた。登るのは青年である。岳参りへの女性の参加は、高等科二年以上（現在の学制でいうと小学五年生）になると、不浄ということで禁止された。部落の代表一～二名が、ヨッゴ（横河）で一行を出迎えた（サカムケ）。その後永田の前浜で、ノンカタ（飲んかた）をした後、各家庭ごとに祀った。

　「サカムケ」にどんな漢字を当てていいか分からない。「サカムカ」というと、現在では「帰省した人を歓迎する食事」のことをいう［このときは酒／肴迎えという字を当てるのだろう］。

　登る前には、まず、前浜で人に踏まれていない、潮のかぶった浜の砂を竹筒に詰め、永田嶽神社に参拝し、鹿の沢（永田岳八合目）で一泊する。青年団のなかから神主を臨時に決め、神主役は小川で身を清める。ほかの者は着替えて参拝する。未明に登り、午後下山した。

永田岳に持っていくものとして、「浜の真砂」（潮がかぶり、人に踏まれていないもの）「お神酒」「お賽銭」（これは自分の身代わりだと考えられた）があり、「五穀豊穣」「無病息災」を祈った。

参拝するのは、永田岳だけではなかった。「三岳参り」といって、足の達者なものは、宮之浦岳、黒味岳にも詣った。

三岳というと、黒味岳（一八三一メートル）は入らないから、三岳に黒味岳を入れているのは、大牟田さんの勘違いになりそうだ。ただ黒味岳の名称には、修験道の痕跡を感ずる。宮崎県西臼杵郡高千穂町の高千穂神社の主神が鎮座する山を「きんなり山」というが、別名を「くろみ山」といい、中央浄土である。屋久島の黒味岳は花之江河が眼下に見える秀峰で、高千穂神社の「きんなり山」（くろみ山）にちなんで命名された可能性もある。黒味岳は奥岳のなかで最も眺望の開けた山で、よく屋久三岳の一つと勘違いされるが、その勘違いには根拠があるのかもしれない。江戸初期の屋久島古地図には「黒御岳」と記されている（太田五男「屋久島大會図に見られる永田の山と谷」『季刊生命の島』第四五号、一九九八年）。

御岳に持っていく砂は宮之浦では「ダチクの葉にツノマキ状に詰めて持っていく」。「ダチク」とは暖竹（イネ科）の方言名である。「ツノマキ」とは、五月の節句のときに作る粽《ちまき》のことである。屋久島では平地に自生しているダチクの葉でモチゴメを巻いた。

永田にはほかの部落のような前岳がない。屋久島では唯一永田から奥岳を眺望できる。だからいきなり奥岳に登った。一湊は、明治以降浄土真宗に改宗したため、岳参りそのものが廃れた。だが屋久町でも浄土真宗の集落はあるが、それが理由で岳参りをやめてはいない。現在この岳参りが曲がりなりにも行なわれているのは、吉田、楠川、湯泊、麦生など数えるほどである。[2] 宮之浦では昭和三五年（一九六〇）ごろまでは岳参りをやっていたが、急速な過疎化によって、岳参りを行なう青年団が機能しなくなり、廃れていった。宮之浦の場合岳参りで登る山は宮之浦岳であったが、山口、牛床《うしとこ》に詣所があり、岳参りはここから里を離れて出発した。

牧実寛は、楠川の岳参りを復活させた一人である。彼の話では、楠川の「みそぎ浜辺」で身を清め、楠川天満宮に参り、それから「正木神社」（単なる祠）、「ののよけい」、「すずみよけい」、「よしとぎの坂」（という難所）、「三本杉」、楠川前岳（一一二四メートル）に登る。むかしは、石塚山（一五八九メートル）を奥岳としてそこまで登っていたが、現在は登らない。石塚岳の山頂には、「流行り病退散祈願」とか、「大漁祈願」の石碑が建っていて、人々がなんのために岳参りをしたかが分かる。

岳参りのディテール

『屋久町の民俗』には、屋久町の各集落の岳参りの実態が詳しく報告されている。そのなかから麦生の岳参りを引用してみる。麦生では年二回岳参りが行なわれ、春の岳参りを特に、「フネノタケメェ」（船の岳参り）と呼び、海の豊漁を願ったものであることが強調されている。

旧暦四月三日、フネノタケメェをやった。トビウオ漁の豊漁を願って、花之江河［海抜一五〇〇メートルの高層湿原、ここにも一品宝珠権現の祠がある］まで日帰りで行った。代表が行き、帰ってくると浦に出てお祓いをし、その後祭りをした。

旧八月三日にも、タケメェをした。高平岳、俵石岳を前岳と呼び、宮之浦岳を奥岳、御岳と呼んだ。タケメェでは、そのほかに太忠岳を加えた四山に登った。ヤマンカミ（山の神）に参る行事であった。

それぞれの山に三～四人ずつ登った。奥岳、前岳、太忠岳に登るのだから全員だとその三倍になる。女で数え年十三歳を越えた者や、三年以内に三親等内の不幸のあった者は参ることを許されなかった。

奥岳に参る者は、午前三時ごろ出発する。これをタビダツ（旅立つ）といった。また、朝早く出発するので、メシマイ（飯の前）ともいった。携帯食としてオニギリを焼いたものを持ち、お賽銭を持つ。その夜は山中に野宿し、翌朝参拝を済ませて午後三時ごろ下山する。その日のうちに家に帰るとゴフジョウ（御不浄）があるといい、天気の良いときには千本山で野宿する。雨のときは寺に篭り、三日目の朝、家に帰った。岳からはかならず、シャクナゲやビャクシンの花を背負って持ち帰った。

前岳と太忠岳へは三日目のメシマイに出発し、その日のうちに帰る。そこで三日目の朝一〇時ごろからゲコという祭りを部落中でやる。各家庭からは弁当持参でタケメバショに集まり、ホイサン（神官）による神事の後、弁当を開いた。ゲコは三時ごろ終り、そのあと岳から持ち帰った花を親戚などに配った。

タケメェの一日目と二日目には仕事は休まないが、三日目には休んだ。だが三日間ともコイアツカイ（肥を扱う仕事）はしなかった。

『屋久町の民俗』は、下野敏見教授の指導の下、鹿児島大学の学生が調査した報告書である。報告書の最後に、「総括――テーマ別まとめ」があり、岳参りについても要領の良いまとめがされている。そのなかで、「屋久島は古来稲作が重要でなかったので、田の神、あるいはその別の姿である山の神などはほとんど見られない」と述べているのは正しい。屋久島でいう山の神は、田の神などのような農業神ではなく、山岳霊といったものである。山の権現なのである。ただ、「岳参りとは最終的には宮之浦岳に参ることだ」と述べているのは正しくはない。多くの集落で宮之浦岳を最終的な目標にしているが、永田では永田岳が奥岳であり、永田岳に参拝した後、足の達者な者が三岳参りに行った。だから三岳のなかでも、永田岳が優位に立っている。楠川、椨川《たぶがわ》などでは、三岳まで行かずに、石塚山を奥岳としている。安房では太忠岳を奥岳としており、船行《ふなゆき》では奥岳はないという。

私は三岳という考え方に修験道の影響を見るのであるが、各地の岳参りの方法にも、三岳に一品宝珠権現の祠を祀り、益救神社の奥の院として捉えられる以前の各集落における山岳信仰の姿をかいま見せてくれる。屋久島では、「御岳《おたけ》」を「三岳」のことだとする考え方もあるが、三岳と御岳は起源的には別物であろう。

表3の「屋久町各村落の岳参り」で、栗生の奥岳を宮之浦岳、永田岳としているが、栗生岳も入れなければならない。『三国名勝図会』のなかでも、「栗生岳は屋久三岳の一つであり、絶頂に益救神社があって、一品法寿権現を祀っている。勧請のときは明らかではないが、毎年秋の八、九月には島民

表3　屋久町各村落の岳参り

村落名	期日	岳名 前岳	岳名 奥岳	特徴など
栗生	旧九月一～二日	七五岳	宮之浦岳 永田岳	オトシの川で身を清め、坂迎えを行なう。
中間	新二月一四～一五日 新九月一四～一五日 旧九月九～一〇日	七五岳	宮之浦岳 永田岳 黒味岳	橋向こうで坂迎えがある。
湯泊	旧九月九～一〇日	七五岳 烏帽子岳 栗生岳	宮之浦岳	出発する前に海水で身を清める。
平内	旧九月九～一〇日	権現岳 砂沙岳	宮之浦岳	シャクナゲのメシゲを持ち帰る。
小島	旧八月一四～一五日 (旧一一月)	芋塚岳	宮之浦岳	旧一一月に岳参りがある。
尾之間	旧八月三〇日 九月一日	本富岳 耳岳 割石岳	宮之浦岳	女性は花之江河までしか行けない。
原	旧四月三日 旧八月一～三日	本富岳 雪岳 (太忠岳)	宮之浦岳	「神がついて来る」という。
麦生	(旧四月三日) 旧八月一～二日	タカヒラ タワライシ (太忠岳)	宮之浦岳	二拍しなければならない。船の岳参りがある。
安房	旧九月二二～二三日	明星岳 (中島権現) (太忠岳)	なし	宮之浦岳には行かない。
船行	秋彼岸中日	明星岳 (巳岳) (中島権現)	なし	題解きを行なう。

出典：『屋久島の民俗』

表4　上屋久町各村落の岳参り

村落名	期日(旧暦)	岳名 前岳	岳名 奥岳
小瀬田	八月一六日 一〇月二四日	愛子岳 向岳	
椨川・楠川	四月 八月	椨川前岳	石塚岳
宮之浦	四月 八月		宮之浦岳 永田岳 栗生岳
志戸子	四月 八月	志戸子岳	
一湊	四月 八月	一湊岳	
吉田	四月八日 八月八日	吉田岳	
永田	四月 八月		永田岳

出典：『上屋久島郷土誌』

の参拝が多い」と記されている。

また、上屋久町の岳参りについても、一覧を掲載する（表4参照）。

サカムカエ――代参者送迎の習俗

民俗学者、桜井徳太郎の「民間の伊勢信仰」『民間信仰の研究（上）』（桜井徳太郎著作集三、吉川弘文館、一九八八年）は直接伊勢神宮とは関係のない民間の伊勢信仰を取り上げているが、屋久島の岳参りを考える際にも興味深い視点を提供してくれる。

桜井はまず、「サカムカエ」と呼ばれる「旅行の際に行なう特異な民俗」を取り上げている。日本の村落社会を考える際、種々の講組組織が非常に重要な働きをしている。講組集団には、政治的なものとか、経済的なもの（頼母子講など）、娯楽的なものがあるが、なかでも宗教的な目的のもとに作られた講組が重要である。特に五穀の吉凶を支配する神々や、農耕に深い関係を持つ名山霊社に、講中から年々代表者を派遣する組織を持つ代参講は、全国に分布している。屋久島の岳参りも、はっきりした講組組織はなくても、集落の代表として奥岳に参詣登山をするのであるから、宗教的講組として捉えてもいいだろう。

こうした代参者の送迎には厳粛な行事が行なわれてきた。「サカムカエ」とはその一つである。代参者が出発、または帰着するときに、村人一同が村境まで出てさまざまな行事を行なうのであるが、一般的には帰村のときに行なわれる。桜井は、そのサカムカエ行事を、（一）共同飲食型、（二）抜参り型、（三）精進潔斎型、（四）神格化型の四類型に分けている。そして、（二）の抜参り型は江戸時代に発達した比較的新しい形態として、残りの三つを考える。サカムカエの行事の特色を見ていくと、屋久島の岳参りを考えるうえでも興味深い。

桜井が神格化型と類型化したものは、代参者を神格化することから始まった様式であると考えられる。例えば群馬県のある村では、伊勢講の代表者と決まった家では新ワラでカリヤを建て、米俵を入れ、代参者が出発してから帰るまでは、家人はその米俵に食事を出し、代参者は帰ってくるとすぐ家には入らず、いったんこのカリヤに入り、米俵に腰かける。すると村人はそのカリヤに火をつけ、もうもうたる火炎のなかから代参者が「ワッ」といって飛び出し、そこではじめて帰参の挨拶をする。また「ハバキヌギ」といって、伊勢への代参者がすぐに自宅に帰らず、いったんほかの家に泊まって旅装を解き、翌日帰宅する例もある。代参者が泊まった家では、代参者に接することは神に接するように振るまい、上座に招き入れる。

第三の精進潔斎型（参籠型）は、日本の原始素朴な祭祀様式を示している。神に奉仕するものが祭りの前後に特に厳しい潔斎の生活を送ったことはいうを待たないが、サカムカエでは、村境で村人が酒肴をもって出迎え、代参者は籠り堂で一泊してから家に帰る例があった。第四の共同飲食型では、基本は、代参者を神と見なし、神と同席しながら共食し、それから改めて普通の人間に戻るという移行を徴しづける祭りであった。

桜井は「サカムカエ」に「坂迎え」の字を当てているが、「村境で行なう行事」といい切っているところを見ても、屋久島と同じく「境迎え」と当てるほうが妥当だろう。古語の「さか」には境、界の字が当てられている。また境《さか》と坂とは語源的には同じである（『古語大辞典』小学館）。

屋久島の岳参りの「サカムケ」は、桜井の分類する四類型のうち、(二)の抜参り型を除いた三つの類型のすべてが関わることが分かる。しかし、基本的には、神格化型であろう。代参して奥岳に登って帰ってきた者は、御岳の神霊をもらって帰ってきたのである。麦生の岳参りのように、山中と部落の外で二泊して次の日に帰るという習慣は、屋久島における「ハバキヌギ」と解釈してもいいだろう。岳参りに出る者は精進潔斎をしなければならず、村に残った者も、麦生では三日目には「肥え仕事はしない」などの慎みは守るのである。その後、共同飲食が待っているが、それは酒席を楽しむことだけに目的があるのではなく、代参者が持ち帰った岳のシャクナゲなどをもらうわけだから、やはり、代参者を神と見なし、その徴を少しでも分けてもらうということが本来の目的であったのだろう。

岳参りの原型

桜井徳太郎は、その『著作集(四)』において、「山岳宗教と民間信仰」とを論じている。そのなかで、山岳に対する信仰には大別すると二つがあるという。一つは、神霊崇拝であり、ほかの一つは死霊崇拝である。神霊崇拝の方は遥拝型と登拝型があり、死霊崇拝の方も遥拝慰霊型と登拝供養型に分かれる。日本の山岳信仰では死霊崇拝の方が大きな位置を占めている。恐山、出羽三山、立山、白山、高野山、熊野三山など霊場として著名な山が多い。開聞岳もそうした山と考えていいだろう。

日本では死霊崇拝を主にする形態が圧倒的に多い。それは山中他界観に基づいて、人が死ぬとその霊魂は付近の山中に滞留するとされ、その霊魂を慰撫するのが、死霊崇拝型の山岳信仰ということになる。桜井は、こうした観点から、「伊勢朝熊山《あさまやま》のタケ参り」を詳しく論じている。

伊勢と志摩との国境に立つ朝熊山は、標高五五三メートルの山だが、この地方では最高峰である。朝熊山周辺では、人は死ぬとその魂は「タケ」へ上がるといわれている。埋葬の翌日を「シアゲ」といい、シアゲがすむと、女衆はその日のうちにミコ（口寄せ巫女）を喪家に招いて死霊の口寄せを行なう。これに対して男衆は、同じ日に朝熊山にタケ参りする。この日だけではなく、四十九日、百カ日、新盆、仏の祥月命日、年忌などにもタケ参りする。こうした死霊供養の一環としてのタケ参り以外に、金剛証寺の開山忌のとき、あるいは男女とも一三歳のときに行なわれる十三参りもまたタケ参りと呼ばれている。すると朝熊のタケ参りは、死者の回向・供養を主にするものと、子供の成長を祈念する十三参りの二種類があることが分かる。

こうした特徴を持つ朝熊山のタケ参りの原型をたどっていくと、地域社会に見られる山参りに帰着してしまう。けれどもタケ参りの習慣が、原始的他界観そのままの表出だとはとてもいえない。古代人は死者の霊魂が山中へ登ってそこにとどまると観念はしたけれども、その死霊を訪ねて山中へ入ることはしなかった。人々はせいぜい遥拝所におもむいて、死者の回向と供養を行なった。山は登る対象ではなく、霊魂が漂う恐ろしいところであった。だがその厳禁された霊山への登拝を行なって、在来のタブーを破ったのは、仏教であった。ことに密教に支えられた山臥修験者であった。

さて、桜井徳太郎が論じた伊勢・志摩のタケ参りから、屋久島の岳参りについて何がいえるのだろうか。

一般的に屋久島では、岳参りの起源として、屋久島における宗教改革との関連が強調されている。屋久島は一四世紀半ばから種子島家による支配を受けるが、種子島家は最初は律宗を信じ、屋久島も律宗であった。だが、一五世紀の後半から日蓮宗が種子島家に伝えられ、屋久島も日蓮宗（法華宗）に改宗された。その結果、「八重岳の権現が気分を害し、時々震動したので、土民は心配になった。このため長享二年（一四八八）、日増上人が長田［永田］に渡り、長寿院から使者を遣わして妙法蓮華教の法札を御岳に納めたが、その法札は元の寺まで飛んで返ってきた。そんなことが三回もおきたので、日増自らが御岳に登り法を説いて納めると、宝殿が鳴動し、白鹿が現れ、日増上人に礼をすると忽然といなくなった。それから屋久島に怪異がなくなった」（「久本寺旧記」『三国名勝図会』より）。「岳参りとはこの時の日増上人の山篭りを記念して行なわれるようになった」と、宮之浦の久本寺の由来を表わす碑には書かれている。

だが岳参りの慣行をこの伝承に求めることは、おそらく正しくはないだろう。日増上人のやったことは修験者のような呪力の顕現であり、仏教の教義そのものとは関係ない。岳参りという慣行は、日増上人が八重岳の鳴動を鎮めるために山に籠った以前から行なわれていた、と考えるのが自然であろう。日増上人がやったことは、古い岳参りに対する新たな意味づけであった。

屋久島の岳参りの特徴は、朝熊山のタケ参りと異なり、神霊崇拝・登拝型であることだ。そこには死霊を慰撫するような側面は全く見られない。屋久島でも昭和一五年（一九四〇）当時までは、山の神を「産土」と呼び、または権現様とも呼んでいた（「山の神祭り」の項参照）。こうした考え方は、神社神道によって神々が体系づけられる以前の日本ではごく普通のことであった。

桜井徳太郎が指摘するように、古来日本人は山に登ることをせず、そこを遥拝して崇めているだけであったとするならば、屋久島の岳参りはどのような契機で始まったのだろうか。屋久島では奥岳を古来神域と見なしてきたが、その当時までは前岳に登って奥岳を遥拝していたのではなかろうか。古代の岳参りとは、このようなものであったかもしれない。ところがある時点から、奥岳まで登るようになった。三岳、一品宝珠権現など、屋久島に修験道の影響を認めることができるので、桜井説のように、修験道の山伏が従来の禁忌を破って奥岳に登るのを広めていったと仮定してもいいだろう。

では、それはいったいいつの時代か。

岳参りの起源の問題に対する一つの答は、御岳に祀られている益救神社と、屋久島のほかの神社との関わりである。益救神社は、今から一〇〇〇年以上も前の『延喜式』神名帳《じんめい》（九二七年編纂）に登場する式内社である。「益救神社由来記」によれば、益救神社は古くは「御嶽宮《おたけのみや》」と称し、屋久島、種子島の総社鎮守であった。種子島の島間《しまま》には、国司遥拝所《こくしようはいしょ》があり、儀式が行なわれていた。古代においては屋久島は南島航路の重要な拠点であったので、こうした中央権力による位置づけをされたのであろう。

こうした益救神社も、中世に一時その社殿も廃れてしまったことがあった。『三国名勝図会』によれば、中世において法華宗が盛んになると、神社、仏閣を尊重しなくなり、次第に益救神社への人々の関心も低下した。ために貞享元年（一六八四）、時の宰官が島の古老を集め、益救神社の遺跡を探し、社殿を造営した。この益救神社は、文久三年（一八六三）島津藩の手によって藩幣社となり、このとき神料五〇石が寄進された。明治六年（一八七三）県社となった。

厳密にいうと、『延喜式』に登場する益救神社と、島津藩の手で再興された益救神社は別物である。ただ、だからといって、益救神社が担ってきた歴史的な役割を否定することはできない。律令時代における益救神社の意味づけと、島津藩制時代以降の益救神社の意味づけはもちろん同じではないが、それは屋久島に対する外社会の意味づけの変遷の結果である。古代における南島治安の要衝から、近世においては屋久杉を産する「宝の島」として脚光を浴びたのである。江戸末期には屋久島の各集落に益救神社の分社がおかれていたが、今は屋久町原にその名残をとどめるだけである。

こうした益救神社の優遇ぶりに比べると、屋久島のほかの神社は、その由来もはっきりしていない。例えば、「八幡様」と称される一湊の矢筈嶽神社は、昭和二一年（一九四六）神社庁によって、応神天皇、神宮皇后、仲哀天皇を祭神とすることが許された。天然の良港、一湊の港を守護するこの八幡様は、矢筈岳の天然の岩屋を祀っている。

吉田には、森山神社がある。大山祇命《おおやまづみのみこと》、鬼子母神（通称お産の神）を祭神とするが一般に女の神であるという。また志戸子の住吉神社のお姉さんに当たるとされている（山本秀雄「屋久島神社調書」『季刊生命の島』第一三号、一九八九年）。この森山神社は、里の神である。南日本における森山信仰を精力的に研究してきた下野敏見は、祖霊と森山信仰を結びつける通説を否定し、それは、稲作農耕文化の古い聖地、巨樹信仰、木魂信仰の名残であるという。そして種子島の「ガローヤマ」信仰は、そのより原始的な形態であると結論づけている（「森山信仰の謎」『南日本民俗の探求』八重岳書房、一九八六年）。

吉田は、永田と一湊の中間にあり、背後の山が海までせり出している地形の部落である。ここは南方航路を監視する絶好の地で、種子島家の屋久島統治時代ここに山城が作られ、島津氏の時代には一湊、志戸子、宮之浦などが、吉田村の傘下におかれたこともあった。

下野敏見は、「モイドン［森山］をモリガミとはいわない点を見ると、森即神とする純粋な森の精霊ないしは樹霊信仰ではなくて、森を媒介として祭祀を営む地であるといえる」（同）と述べている。だが、こうした形での森との関係は、屋久島における御岳信仰とはかなり異質なものである。吉田の森山神社も種子島から入ってきたもの、と考えた方がいいだろう。吉田では今でも岳参りが続けられていることは、この小さな集落（一九九五年統計では一一八世帯、二八〇人）の規模を考えると、驚異的である。森山神社を祀っていても、岳の神を拝むという古代からの信仰は、連綿と生き続けているようだ。

屋久島は島津藩の支配下に入る前には、種子島家の所領であった。種子島家は熊野信仰を受け入れ、熊野との関係が深い。一品宝珠権現などの祠が屋久島の御岳に祀られるようになるのは、どうも種子島家を通した熊野信仰とのつながりがあるように私には思われる。楠川の熊野神社は種子島家を媒介とした熊野とのつながりをよく証明している。あるいは金峰山にまで達していた修験道の山伏が、直接屋久島にも来ていたのであろうか。

下野敏見は屋久島の民俗文化の特色を、仏教（法華宗）を受け入れながらも、古代の山岳宗教による抵抗が相当に激烈であったと述べている。その証拠の一つは、楠川の盆踊りである。それはまず御岳にささげる歌を歌ってから、踊られる。盆踊りは法華宗の寺の庭で発達した仏教的芸能であるが、まず御岳を拝まなければ盆踊りもできないという点に、御岳崇拝の強さがある（『トビウオ招き』）。こうした御岳信仰の根強さを考えても、法華宗を屋久島に定着させる過程で、本地垂迹説による神仏習合を積極的に導入していかなければならなかったのであろう。

山の神祭り

宮本常一の『屋久島民俗誌』では昭和一五年（一九四〇）当時の屋久島では「山の神祭り」を盛大に行なっていたことがよく分かる。

九月一六日

ヤマノカミマツリ

屋久島各地で行なう。宮之浦ではこのときを一番盛んに行なう。元は山をしている者もいない者も業を休んで、自分の家で御馳走を作って食べる。元は、一九日から二一日にかけて行なった。ウブスナ祭り、安房、小瀬田では権現祭りとも言う［傍点は中島による］。

権現様とは宮之浦岳のことであるが、益救神社の奥の宮があり、同時に山の神である。一六日を山の祭日とし、産土神《うぶすなのかみ》の祭日とした（元全島各地に益救神社が分請されていた）。しかも山の神と産土神観念の遊離から、両者を別のものと考えてきたのは、おそらく山仕事を専門とする者が増え、しかも他所からの移住者が多くなったためであろう。安房でも小瀬田でも、産土神祭りのほかに、山仕事をする者は、自分の家の山の神を祀っている。

九月一九日〜二一日

ヤマノクヨー

山の神祭りが各自の家で、山の神への供物をしてちょっと拝む程度なのに対して、山の供養は部落全体で行なう大きな行事である。

麦生では、村中がやる。元鰹船の船中が組をくんで、各組で飲食し、セキコミ（船を港へ押し込むこと）をした。実に盛んであったが、麦生では一日だけ。

小瀬田では、二〇日に行なった。山稼ぎする人たちが集まり、適当に組んで二日間飲み続けた。宮之浦の山供養は最も盛んで、三日間にわたった。部落を六組に分け、大体二〇軒ぐらいで一組を組んだ。宿は分家した新宅を借りた。そうすると家が固まるといって、自分の方から申し込む場合が多かった。各戸で費用を負担し、男は会計、女は料理を担当した。二二日には、余ったお金で女が御馳走を作って食べた。

この供養には子供も参加して、取り入れの終わった伸び伸びした三日間であった。

なお一九日は霧島権現の祭りで、霧島権現は屋久島権現の親神に当たるので、かくも盛大な祭りを行なった。

安房や小瀬田では、産土祭を権現祭とも呼んでいたことは興味深い。山の神祭りは同時に産土祭りでもあった。つまり、山の神は産育の神でもあった。それが山仕事を専門にする者が増えてくると、次第に両者を別の神と認識し出した。麦生では、漁師が仕事を休んで、「山の神」祭りに参加した。漁船による勇壮なセキコミが行なわれるほど、山の神の御加護は漁稼ぎをする漁師にも与えられた。霧島権現を屋久権現の親神とするのは、幕末に益救神社が藩幣社となり、明治に県社となってから神社の序列関係が体系づけられてからのことだろう。

岳参りとは、御岳の神への参拝登山である。こうして祀られる岳の神は、いわゆる山の神とは同じではない。山の神祭りとは、島津藩による屋久杉伐採が始まってから、屋久島で本格的に行なわれるようになってきたのではないか。第1章で、小杉谷の森林労働者の間における山の神祭りを見たが、平地の集落でも、盛大な祭りを行なっていたことがこれで分かる。だが、こうした山の神祭りも、平地の集落では、戦後廃れていった。それは、やはり、山そのものへの考え方が、昭和二八年（一九五三）を境として大きく変わっていったことと無関係ではないだろう。

3 海と常世

宮本常一は、「御嶽信仰」を論じた後、「潮浄め」と題する一節で次のように述べている。

小瀬田では神社に参るときにはかならず海まで下りて潮をもって宮に参る。だから、神社へ参ることを宮へ参るとはいわないで、オシオトリに行くといった。また昔は朝早くオシオトリにいったものである。

楠川、宮之浦では各戸に潮樽（竹で作った小さいもの）があって、潮と浜の砂を入れて、それを神様のところへ少しささげ、残りを持って帰って、花庭へささげた。小瀬田では潮樽は使わず、菓子皿に潮と砂を入れて、神社に持って参った。

屋久島の南海岸は高い海崖の上に村があるので、浜まで潮を汲みに行く風は少ないが、神様に賽銭を上げるとき、かならず青柴に乗せ、賽銭箱に投げ込むようなことはなかった。

こうした潮浄めの習慣は、岳参りの際も、「浜の潮のかかった砂」を竹筒に入れて、あるいはダチク（暖竹）の葉でツノマキ（角巻き）状に包んで、御岳に運んだことでも理解される。また、最近は土葬がなくなり、新墓に霊屋《たまや》を造らなくなってきたが、昭和四〇年（一九六五）ごろまではその習慣があった。そうした新墓にはかならず、浜の砂を運んできて、霊屋の入口に高く盛り上げた。また普通の墓でも、お盆やお正月の前には、浜の砂を運んで浄めるのが常であった。

谷川健一は、『常世論、日本人の魂のゆくえ』（平凡社、一九八三年）の「若狭の産屋」と題する箇所で、若狭湾西浦一帯における産土に関する慣行を次のように論じている。

常宮や᷀では、海岸の波打ち際にある砂をザルに入れて、これを常宮神社とその奥の院の岩屋の拝殿の前に置き、お賽銭がわりにする習慣がある。また常宮神社では「砂持ち行事」といって、五月に神社の境内に砂をしく行事がある。常宮神社は安産の神として知られているが、このあたりでは砂は特別の意味を持っていたと思われる。それは産砂の砂と無縁ではあるまい。

ではなぜ産屋に砂をしいたのだろうか。常宮では、海のなぎさのそばに産屋をたて、砂を床にしいて子供を産むのを、まるで海亀のようだと地元の人はいう。海亀は季節を定めて海の彼方からやってきて、砂に穴を掘って卵を産みつけ、その卵を地熱によって孵化させる。この海亀を連想したということは、もともと渚の近くで産屋を建てて子供を産むという行為が、海亀や鮫などわだつみを本つ国とする海の動物たちの産卵にあやかったのではないかという類推へと私をみちびく。海亀や鮫などを自分の先祖と見なす人がいたことは、トヨタマヒメが産屋で鮫のすがたで子供を産んでいたのを夫にのぞき見され、怒ってわだつみの国に帰っていったという伝説でも知られよう。

なぜ、敦賀半島の西浦一帯に産小屋が集中して残っているのだろうか。この地域の産小屋の実態調査をしたことのある大藤ゆきは、次のようにいう。「西浦の各部落はいずれも漁村で、常宮神社は北陸の総鎮守である。越前の一の宮と呼ばれる気比神宮と夫婦神で、安産祈願の神として近郷からも信仰されている。土地の人は、氏子はケガレンように産小屋に入るのだとも、竜宮さんの上で働らかしてもらうのでケガレンように産小屋に入るのだという。産褥には、タタキの上に、浜砂をしき、ワラ、ムシロ、ゴザ、ボロを重ねる。この上に浜の方を向いて座り、力づなを両手で握ってりきむ」(「産神と産屋」『神道民俗学』講座日本の民俗宗教一、弘文堂、一九七九年)。

わが屋久島でも、今ではすっかり廃れてしまった「お潮浄め」の習慣以外にも、こうした連想を可能にする考え方が存在する。先に私は、安房でも、小瀬田でも、産土祭を、「権現祭」ということに注目しておいた。屋久島の産土慣行について詳しい資料は今はないが、屋久島におけるサル、カメの宇宙論的位相、産育儀礼、死者儀礼などを検討していくと、そうした課題に迫ることができる。

吉本宮雄さんは、屋久島は竜宮に通じていると、次のように話す。「益救神社のご神体は、ヒコホホデミノミコト、つまり山幸彦であり、宮之浦の川向い神社には、その兄の海幸彦が祀られてる。川向いの浜は、一品が浜（浦）といい、竜宮に通じている。安房の海のすぐそばに玉ノ井［面影の泉の間違い］という湧き水があるが、ここが竜宮への最終的な入口である」。

吉本さんのこの話を正当化する説話が伝えられている（下野敏見「屋久島めぐり」『屋久島の民話』第二集）。

薩摩半島の笠沙の宮のヒコホホデミノミコトが、兄の大事な釣り針を無くし、それを捜しに屋久島まで来た。はじめ宮之浦に上陸し、三年間宮之浦をねじろに、御岳に登ったり、鹿狩りをしていた。宮之浦では、ミコトをしのんで益救神社を建立した。

それから目的の釣り針を探すため、島巡りをした。ミコトが、安房川のつり橋のほとりの森のなかに湧く泉に行くと、美しい女が水くみにきていた。ミコトの姿が水面に映ると、女はあっと声を上げた。ミコトがあまりにも男らしかったからだ。女の名はトヨタマヒメだった。それから人々はこの泉を「面影《おもかげ》の泉《みず》」というようになった。

麦生に向かう途中である小川に差しかかったとき、道が分からなくなったので、百合の花を川岸に供え、お祈りをしたら、たちまち白い鹿が二頭現れ、道案内をしてくれた。そこでこの川のことを「花《はな》揚《あ》げ川《がわ》」というようになった。

麦生を過ぎるとまた谷川があった。川下の方に行くと漁民の部落があり、赤鯛釣りの漁師から、一匹の赤鯛が見慣れない釣り針をくわえたまま釣れたという話を聞いた。ミコトはその針をよく調べて見ると、なくした釣り針だった。そこで人々はその川を「鯛《たい》の川《こ》」と呼ぶようになった。

やがてミコトは、尾之間《おのあいだ》を過ぎ、小島、恋泊、平内を経て、湯泊《ゆどまり》へ向かう途中でまた道に迷ってしまった。このときも花を供えたら、白い鹿が現れて、ミコトを案内してくれた。この川も「花揚げ川」と呼ぶようになった。

ミコトは岩影から湯が立ち上る里に泊まった。そこでその地を湯泊というようになった。中間を過ぎると栗生に達する。ミコトはここにしばらく滞在して、再び御岳登山をしたり、永田部落を訪ねたりした。

ミコトは屋久島の山々が好きで、いたる山に登り、そのため、屋久の山々にはミコトの別名である「一品宝珠権現」の石塔が建てられている。

この説話のなかに竜宮のイメージは明確には出てこず、屋久町の地名の由来を、山幸彦の受難の物語になぞらえて理解しようとしている。「面影の泉」を吉本さんは、思わず「玉ノ井」［竜宮の入り口］と、学識深い神官らしい間違いをしているが、そこに映ったミコトの男らしい姿にトヨタマヒメは驚いてしまう。するとトヨタマヒメは屋久島の女なのだろうか。それとも竜宮から水汲みにきていたのだろうか。ミコトはトヨタマヒメと契ることもなく、なくした釣り針を捜しに出掛け、暇があったら御岳に登っている。これはかなり土俗的な脚色をされた山幸伝説である。

この山幸伝説よりも竜宮のイメージを明瞭に示す話が『屋久島民俗誌』に見られる。宮本常一は、「海の神」の項のなかで、次のように屋久島の漁師の海亀に対する認識観を示している。

◀▲宮之浦牛床の一品宝珠権現
(刻字が一部変えられているといわれる)

亀が、首に竹や木をのせているのを見かけることがある。そういうときはすぐその木をもらって、あり合わせの別の木を返す。そうして、もらった木を金巾《かなきん》か何かでまいて、それを船玉《ママ》様のところへ祀ると、大漁があるという。栗生の岩川氏はこれを拾った一人であるが、一、二年間は非常な大漁が続き、その後十年間は他人より漁獲が少ないという年はなかった。

屋久島の各港にはエビス様が祀られていて、漁業の神となっている。だがこの話はそうしたエビス信仰との関係よりも、浦島物語の世界にわれわれを導いてくれる。

谷川健一は、「丹後の浦島伝説」(『常世論』所収)のなかで、われわれが常識的に知っている浦島物語が、実は後世の通俗化した物語であり、そのオリジナルは、日本の常世観を示す物語であるという。『日本書紀』では、丹波の国、余社《よさ》筒川《つつかわ》の人、水江の浦島子が釣りをしているとき、大亀を生け捕りにしたが、その亀はたちまち女となった。浦島子は、この女をかわいがって自分の婦(女)とし、二人して海に入り、蓬莱山《とこよのくに》に至った、となっている。『丹後の国風土記逸文』にも、ほぼ同様な記事がある。

浦島伝説はすでに祖霊の行く死者の国としての常世の感覚を失っている。記紀の編纂された時代には、単なる海の彼方の神仙郷といった程度に考えられていたことが推測できる。

村落共同体と死者の世界との関係は、日本の国家とそれ以外の世界、すなわち海彼《かいひ》のユートピアとの関係に置き換えられた。『風土記』編纂の時期や『万葉集』の時代には、祖霊の住む島としての常世の持つ幽暗な牽引力は失われた。羽衣伝説を持つ天上界と浦島伝説を持つ海神宮とがまじりあって、一つの雰囲気を形成するにいたっている。

谷川健一流にいうならば、海亀の首に絡まっていた木片を拾った栗生の岩川さんは、さしずめ屋久の浦島子である。岩川さんの助けた亀は人間の女に変身することはなく、岩川さんは竜宮に行きそこなったのであるが、それでも乙姫様の祝福を受け、豊漁に恵まれた、という。

【注】

（1）山本秀雄は、「屋久島の岳参り」と題する論文で、「文安（一四四四年〜）から永正（一五一七年〜）のころ、楠川に本拠を置いて御岳に登って修行をする熊野の山伏がいたとする文献があるが、この説をとらない」と述べている。さらに、「一品法寿権現の刻字では上代において法寿が多く、江戸期になって宝寿、宝珠が使用されるが、その理由を研究する必要がある」と述べているが、理解しがたい。「宝珠」はきわめて自然な日本語であるが、「法寿」は意味が定かではない。大澤雅彦・田川日出夫・山極寿一編『世界遺産屋久島――亜熱帯の自然と生態系』朝倉書店、二〇〇六年所収。

（2）初版出版後、永田、安房、それに春牧で岳参りが復活した。世界遺産登録後、こうした伝統への見直しが進んでいる証拠である。

第4章
人と動物

海に帰るカメに焼酎を飲ませる地元の子供たち、1960 年代の栗生海岸（海亀館提供）
＊ウミガメは焼酎を好む。むかしは上陸したカメを「慰労」するために、焼酎を飲ませて海に帰した。屋久島で「かめ」というと「上戸」のことを意味する。

日本はオーストラリアと並んでアカウミガメの主要な産卵場となっています。日本に上がってくるアカウミガメの六、七割が鹿児島県で、そのまた六、七割が屋久島で、日本一です。屋久島のアカウミガメは、産卵終了後、ほとんど東シナ海へ行って生活していることがわかりました。一部ではありますが、太平洋にも行っており、また南シナ海（フィリピン）へも回遊していました。そして再び同じ浜に産卵しにやって来ます。だから東シナ海は亀の竜宮城なのです。

大牟田一美『屋久島ウミガメの足跡』
海洋工学研究所出版部、一九九七年

屋久島は森の豊かさで有名であるが、森だけでなく、ニホンザルの亜種であるヤクザルや、シカ、そして海亀の島としても有名である。宮本常一の調査はわずか二週間の調査だから、「屋久島にシカ以外の野生の獣類はほとんどいない」（二一五頁）と書くなど、とんでもない誤解をしている箇所も散見される。屋久島の野生動物を語る場合、サル、カメを忘れては困るのである。しかも、サル、シカ、カメは屋久島における伝統的な自然観、動物観の中心をなしていて、その分析なしには、屋久島の宇宙論的な理解もできない。

1　亀女踊りの描くユートピア

亀女踊りのなかの生と死

現在でも永田に伝承されている「亀女踊り」は、非常に深い意味が隠された民俗芸能である。六番まであるその歌詞のなかで、一番の歌詞が最も重要である。永田の日高道男さんは、次のように伝承している。

カメ〜を見〜るというて
（アラ）ツマドの口　ひょんと出たら
カ〜メ〜は
（コラセ）
見いださ〜じ　つぼっけ　ほ〜たいま〜くった（まっくいは〜まった）
（ホラ）
カメジョなんどは　フーネンじゃ
からいもなんどは　かんとこせ〜

「カメを見ようと思って、カメジョの家の妻戸まで来たが、カメは見ないまま、カメはカメでも、肥溜めのカメに落ちて、糞尿をしこたま浴びてしまった。［囃子］（亀女の家は豊作だから）亀女なんかは、『フーネン』（富年？　幸せ者）じゃ、からいもなんかは、食べないのだろう」

亀女踊りの歌の意味は、掛詞と落咄を基礎にして構成されている。この歌で意味されるカメとは、永田のベッピンさんのカメジョ（亀女）さんであり、肥溜めの甕であり［昔の便所は家のなかにはなく、外の肥溜めのようなものが多かった］、また海のカメでもある。『上屋久町郷土誌』のなかに紹介されている亀女踊りの歌詞の最後には、「米《こめ》ん飯《め》ばっかい　食うとこせ」という一節が入っていて、意味がより明瞭になっている。

踊り手は、鉢巻きを締め、長い笹を背中に挿し、赤いたすきを長くたらし、カメの尻尾と称する箒を腰にぶら下げている。これは、人間をウミガメに見せる仕掛けでもある。小さな甕を手に持ち、まず、甕を縦に半円を描くように振る。次に、足で尻尾の箒を蹴りながら、前進と後退を繰り返す。最後に、甕を自分の前に置き、その周囲を「尻尾」を蹴りながら回って、元の位置に返る。この動作のときに、できるだけ愉快な格好で踊るのが「上手」な踊り方だと日高さんはいう。これで一番の歌詞は終わる。


亀女踊りは、その歌詞の内容からしても、きわめて性的なメタファー（隠喩）に満ちている。亀女を夜見にいくということ自体が、強い性的な表現である。宮本常一によると、屋久島の各地で「ヨバナシ」という若い男女の慣行があった。「ヨバナシ」とは、「夜話し」であろうと地元では解釈されているが、宮本常一は「夜放し」ではないかといっている。つまり夜の解放ということで、内地の夜這いではない、という。しかし、ヨバナシそのものは、恋愛関係を否定するものではなかったであろう。

むかし青年団は二歳《にせ》組と呼ばれ、一五歳から二五歳ごろまでが参加した。彼らは普通の民家を借りた若者小屋に泊まることが多く、屋久島では種々の祭りの実行部隊として活躍した。二歳組ほどははっきりした組織を持たなかったが、娘組もあった。宮本常一は、娘組は「完全に二歳組の監督下にあった」と述べているが、そうしたなかでも、若いカップルの交際が深められていったことであろう。いずれにせよ、「亀女」を誘いに行ったが、その試みは失敗に終わって、皆の笑いと安心をもたらす。

こうした性的なメタファーを持つ亀女踊りが、まずイニシエーション儀礼として用いられたことは自然であり、当然である。むかし、青年団への加入礼として、新入りはこの踊りを踊らされた。しかし現在では、「永田亀女踊り保存会」があり、中学校の「立志式」〔元々は薩摩武士の元服式だったが、永田では男子一五歳の〝成人〟を祝う式〕のときに、青年団が伝授する。

亀女踊りには、「親亀」と「子亀」がいて、「親亀」に青年団の先輩がなり、「子亀」は新入りがなる。まず親が手本を見せた後、子が踊る。親は一、二番を踊り、子が三、四番を踊る。そして、五、六番を親子が一緒に踊る。

二番
嶽の御《み》岳の　（アラ）　シャクナゲ花は　年中　（コラセ）
つぼ〜みで　いちど咲く
（囃子繰り返し）

三番
ここの座敷は　（アラ）　祝いの座敷　（コラセ）
黄金花咲く　銀がなる
（囃子）

四番
春が二度来て　（アラ）　静かな年よ　（コラセ）
ウメと　サクラが　二度盛る

（囃子）
五番
願のばかけて　（アラ）　おもごとかのった［思うことが叶った］　（コラセ）
末は　鶴亀　五葉の松
（囃子）
六番
わしとあなたは　（アラ）　お蔵の米よ　（コラセ）
いつか　世に出て　ママとなる
（囃子）

二番以下の歌詞は、一番の歌詞よりもフレーズが少ないし、「亀女踊り」に独特な表現でもない。ほかの屋久島民謡で歌われている歌詞が使われているし、また、全国的に定型的な表現も見られる。

この部分が終わると、今度は「ハンヤ節」のメロディーに合わせて、即興の踊りが踊られ、親亀と子亀、つまり先輩と後輩が打ち解け、座は最高に盛り上がる。この部分でかならず、「永田　田もよか　水までも　水のさたかよ　嫁女まで」と、永田を讃える最高の文句が登場する。この歌詞のように、永田は屋久島では珍しく平地が開け、田んぼが広い。部落の家々を水路が走り、生活用水として今でも使われている。日高さんの話では、ハンヤ節のメロディーにのせて、亀女踊りの歌と踊りを踊ることも可能だという。それだけ亀女踊りは自由、即興的であるということだろう。

亀女踊りは、歌詞が性的なメタファーに満ちているだけではない。小道具として使われる甕は、歌詞のなかでは肥壺を表わしているが、踊りのなかでは、「亀女さん」そのものを表わしている。観衆に甕の中まで見えるように縦の半円形型に甕を動かすのは、女性の性器を暗に指し示す動作である。

さらに、亀女踊りで、甕を自分の前においてその周囲を回る動作を日高道男さんは、「ウミガメの産卵だ」と明瞭に説明してくれた。ウミガメは両手両足で砂をかき分けながら浜を上がり、穴を深く掘って産卵する。亀女踊りの最も重要なモチーフは、こうしたウミガメの産卵を男性が模して、生と性の喜びをおもしろおかしく歌い踊ることである。日高道男さんの指摘は、先に引用した谷川健一の常世論を思い出させてくれる。屋久島における生と性は、ウミガメに象徴される海彼のユートピアへとはるかに続いているのである。

亀女踊りを踊る青年と、亀女踊りのなかに登場する「亀女」さんは、全国的に分布している「オカメとヒョットコ」というイメージを彷彿させる。柳田国男などを引用しながら、北沢方邦は、『天界からの使信、理論神話学』（朝日出版社、一九八一年）のなかで、大略次のように述べている。オカメは、甕であり、竈である。竈の形状は甕のように女性性器を暗示するものであり、また竈に入ったひび割れは、亀の甲羅へとつながってゆく。亀は竜宮へと通じ、海上他界、常世へとつながる。ヒョットコとは、火吹き男のことで、火は天界からもたらされたものである。彼が一所懸命火を吹けば吹くほど、火は燃え盛り、竈は熱くなる。これは男女の性的結合の隠喩である。オカメとヒョットコという民俗イメージのなかに、日本神話の構造論的問題が複雑に隠されている。

北沢方邦のこの所論は、亀女踊りの解読に日本神話との関連性を指摘してくれるが、ここではあまり一般化した問題へと発展させないでおこう。亀女踊りをもっと深く捉えてみることが必要とされている。

『上屋久町郷土誌』では、「かつて永田嶽神社で旅に出た人の安全を守るため徹夜でお籠りをしたときに、眠気をさますために青年たちが酒を飲みながら歌い踊ったもの」と亀女踊りの起源が語られている。「からいもなんかは　かんとこせ」と歌っているから、カライモ（サツマイモ）が日本に入ってきた一七世紀前半以降できたと推定してもいいだろう。

永田岳と永田集落（屋久島町提供）

伝統的に屋久島では、「二十三夜様」と呼ばれる「月待」の講が大事にされてきた。本来は旧暦の一月二三日に行なわれていたが、今では、旧暦の一二月二三日に当たる、一月下旬から二月初めにかけて行なわれている。村の繁栄と旅に出た者の安寧を祈るのがその趣旨であった。

桜井徳太郎は、信仰的機能を持つ講について次のように述べている。日待、月待、庚申講などの待ち行事においては、男女同衾の禁止、家族と別れての別火、肉類・酒類の禁忌などもろもろの禁忌の存在が知られているが、それは神社の司祭者に求められていたものと同じく、司祭者たる資格を得る前提条件であった。日待や月待は総称してマチゴトとも呼ばれているが、そのマチは、祭礼を意味する語、マツリとともに、「傍らに居る」という意味であった。日待も月待もまた祭りの一種であった（「習俗に現れた講の実態——とくにその機能について」『講集団の研究』桜井徳太郎著作集一）。

現在屋久島に伝承されている月待講に、往時の「祭り」としての姿を感じるのは難しい。単なる「飲食」の機会だというほどの認識しかないかもしれない。この「月待講」は宮之浦では、現在、「新築した家の家内安全祈願をやるため」に行なわれる。楠川では、「月待役は、月が昇るまで立っている。六時から一一時ごろは月がまだ高いので、この時間帯が最も盛り上がる。ご馳走は海の幸、山の幸が出される」。だから、「亀女踊り」が永田の「月待講」（二十三夜様）の余興として発達してきた、という説は当たっている。

それゆえに、「亀女踊り」は前年家を新築したところで踊るということは納得できる。だが、同時に亀女踊りは、かつては、「前年不幸のあったところなどでも踊った」そうだ。永田の岳参りについてお話をうかがった大牟田勝芳さんはこう私に語ってくれたし、日高道男さんもそれを肯定した。

これまで亀女踊りの生や性のイメージについて検討してきたが、実は人の死に関わる踊りでもあった。現在ではそうした側面としての亀女踊りはほとんど消えてしまったので、あの亀女踊りから死のイメージを想像することすら難しい。実際、永田の年配の人にうかがうと、「亀女踊りの踊り方がむかしと違ってきた」とよくいう。現在のところ、どこがどのように変わったのか明らかではないが、今後の研究課題である。少なくとも、桜井徳太郎の指摘するように、月待（二十三夜様）を一つの祭りとして理解すると、亀女踊りの謎も解けるであろう。すると、亀女踊りの描く世界が単純な生の礼賛ではなく、死ぬべき存在としての人間性にも深い洞察を示している、という展望を持つことが可能になる。

新築儀礼に見る性的メタファー

現在の亀女踊りも、また宮之浦などの「月待講」も、前年家を新築したところでなされる。元来、家とは宇宙の投影として、建築儀礼や、家・屋敷の空間認識が重要な意味を持っていた。

屋久島では、家の基礎に大きな石（家敷石）を何個もおき、そこに柱を立てて、屋根をのせていくという建築法をとっていた。だから、この石をおく作業というのは、家の基礎を固める重要な工程であった。宮之浦ではこの工程のなかで、石をおく地面を突き固める作業を「エンサカボッチ」と呼んでいた。宮之浦在住の私のおじとおば（中馬五郎、ムツ）の話は、つい近年まで行なわれてきた「エンサカボッチ」が、すでに歴史のかなたに消えていこうとしていることを私に教えてくれた。

むかしは家の柱は大きな石の上にのせていたので、その石をおくための地面を突き固める作業が必要であった。それがエンサカボッチである。ヤグラを組み、松の木でできた大きな杭に、八本ほどの紐を出し、それをヤグラの上まで上げて、下まで垂らす。その紐を、絣の着物に赤い腰巻姿の女性が、エンサカボッチの歌を歌いながら、引く。引く側が力を合わせて引かないと、あらぬ方角に松の杭が飛んで行きかねないので、慎重にやる必要があった。大黒柱から順に突き固める。ハナトリの男性が松の杭の案内をして、引き上げられ上から落ちてきた松の杭をしっかりとある一定の場所を突くようにする。

むかし宮之浦のわが家を建てるとき、このエンサカボッチの最中に、縄が外れて、ハナトリをしていた「かずおじ」の胸に松の杭が当たり、大事故になったことがあった。危うく一命は取り留めたが、「エンサカボッチ」とはこれほど危険な作業でもあった。「絣の着物に赤い腰巻き」姿の女性が、ハナトリの男性の案内によって、重い松の杭を大地に落とし、敷石を突き固める。

宮本常一は、その際かけられる囃子を紹介している。宮本は、その囃子を唱えるのが、女性とは指摘していない。それが女性であると、その意味はますます重要である。

エンサがボッチがボッチ
ボッチがボッチがボッチ
サイヨー
ヒョータン　カメツボ　トックイ［トックリ］

この囃子がなくとも、エンサカボッチの縄を引くのは女性であるということは、エンサカボッチが家の新築を男女交合の隠喩と理解している表われである。そのうえに、「ヒョータン、カメツボ、トックリ」というこの三つは、いずれも深い凹部を持つ容器であり、女性性器の隠喩的な表現である。「エンサカボッチ」が松の杭を、高く引き上げて下の大地を突くという作業は、これは性交における男性性器の動きであると考えられる。この動作をするたびに、「ヒョータン、カメツボ、トックイ」と唱えることは、「エンサカボッチ」が男女交合の象徴的な表現であることを示している。

だから家の新築とは、男女交合、家内繁盛の意味を持つ。こうした家の新築の性的なメタファーを勘案すると、亀女踊りがなぜ前年家を新築したところで行なわれるかが理解できる。亀女踊りは、ウミガメの産卵行動を模した踊りであり、踊りも歌詞も性的なメタファーであふれている。屋久島における新築儀礼も性的なメタファーであふれ、両者の結びつきはむしろ必然的である。

『上屋久町郷土誌』には、楠川の「どんづきうた」が採譜されている。この歌は、宮之浦の「エンサカボッチ」と同じ、土台石を突き固めるときの歌である。

エイサー　エーイサ
犬《いん》の子もっちゃ　エイサー
かじっこでも（打ち込んでも）　エーイサ（めでたい）
サイヨサイヨ

楠川の「どんづきうた」では、宮之浦の「エンサカボッチ」ほど、性的なメタファーは明瞭には表われない。

下野敏見の「南日本の建築儀礼の探求」『南日本民俗の探求』（八重岳書房、一九八六年）では、南九州の建築儀礼には修験道の影響が認められるが、種子島の建築儀礼にはそれよりももっと古い特徴がある、屋久島の建築儀礼は南九州の儀礼と種子島の両者の儀礼の特徴を併せ持っている、と指摘されている。だが、宮之浦の「エンサカボッチ」には触れられていないし、「地突き歌」の性的な意味についても指摘されていない。なお、屋久島の家とその棟上げ式については、『季刊生命の島』第二六号、一九九二年に詳述されている。そこに、この土台石を突く際の歌／囃子の記載がないのは惜しまれる。現在の鹿児島県の建築基準法では、家敷石を家の基礎にすることは許されず、コンクリートの平打ちで固めなければならなくなった。そのため、「エンサカボッチ」はもはやほとんど行なわれない。

胞衣と先島丸

亀女踊りが前提にする人間の生と死は、屋久島における胞衣《えな》の習俗と死後の魂の行方の問題を参考にすると、より理解しやすい。胞衣とは、出産後出てくる後産《あとざん》のことであり、胎盤と羊膜からなる。日本およびその周辺でもあるいは東南アジアでも、胞衣を「人格」と見なし、それにふさわしい取り扱いをすべきとされていた。これが胞衣の習俗と呼ばれる問題である。そこには近代社会には見られない身体観がある(1)。

先島丸とは、宮之浦、楠川、一湊あたりで近年まで見られた習慣で、霊屋に描かれる船のことである。死んだら人間は先島丸に乗って、海の彼方へ行くのだとされていた。宮之浦では共同墓となり、霊屋がなくなり、土葬が火葬になってしまうと、胞衣の習俗も先島丸を描くことも失われてしまった。昭和四〇年（一九六五）ごろがその境目である。

私のおば、中馬ムツによると、胞衣のことを宮之浦では「イヤ」といっていた。「お産のたびに〝ばあちゃん〟［おばの母、私の祖母］が墓に持って行って埋めていた。昔は墓の周りが少し空いていたので、そこに埋めた」そうだ。宮本常一も「宮之浦では墓に埋める」と述べたあと、「種子島では家の周囲のあまり汚くないところへ小さい小屋を建て、ワラで屋根を葺いたもののなかへイヤを埋めた」と書いている。

この種子島の胞衣の習俗は、私に産屋を思い起こさせる。屋久島で産屋が建てられていたかどうか今のところ資料はないが、トカラ列島では最近まで見られた。先に見たように、小瀬田でも安房でも、山の神祭りを「産土祭り」と呼んでいた。人が生まれてくるということは、なんらかの形で、御岳と関わりがあると屋久島では理解されていた。

東南アジアでは、後産を生まれた子供のきょうだいと見なし、そのため後産を大事に処理しなければならない、あるいは、子供の守護霊となるなどと考えられている。胞衣を墓に埋めるということは、日本各地の胞衣の習俗でも見られるが、生まれた子供の分身である後産（胞衣）を、祖霊の側に返してやるという配慮がうかがいしれる。

そこで屋久島における死後の世界の問題が浮上する。谷川健一は、『常世論』の「序章」の最後で次のように書いている。

私はある考古学者の研究室で一枚のスライド写真を見たことがある。それは屋久島一湊の墓地に置かれた真新しい棺の表面に描かれた絵であった。稚拙な絵で汽船が描かれ、先島丸と記されてあった。死者が船に乗って、常世＝ニライカナイに旅することを、これほど端的に示したものはない。屋久島あたりでいう先島は、次の南の島ということで、宮古、八重山の両群島を指すものではない。ここにいう先島丸は、南の海に向かう魂の矢印なのであろう。この絵は、常世を目指す日本人のもっとも奥深い意識を、常世という言葉を知らない人々が伝えたものと私には思われる。

谷川健一は、「真新しい棺に」先島丸が描かれていたと書いているが、これは間違いだろう。屋久島では、霊屋が朽ちるまで死者をそこで祀っていた。普通三～四年は霊屋はもつが、朽ちた後はお塔婆を立てていた。先島丸はその霊屋の裏側に描かれるのが常であった。昭和三九年（一九六四）死亡した私の父の霊屋に、私は先島丸を描いた。先島丸は、私の記憶では、すべて汽船が描かれていたが、それは時代の反映であって、もう少し古い時代には、帆掛け船が描かれていたようだ。『屋久島の民話』第二集のなかに、「先島丸」という話が紹介されている。

盆の一六日に宮之浦から永田まで用事で出かけた伊八郎は、泊川《とまいご》の浜を見下ろす振腰《ふりこし》の峯で一服していると、下から騒々しい声が聞こえる。驚いて浜を見ると、海には何百そうもの帆掛け船が並び、各帆には、先島丸と書かれてあった。お盆で帰ってきた精霊さま［宮之浦ではシオッサマと呼ぶ」が、あの世に帰ろうとしていたに違いない。伊八郎は、肝をつぶし、盆の一六日は仕事などをしないで、精霊さまを送らないといけないと深く反省した。

縄文杉を発見した岩川貞次氏の語るこの話を読むと、先島丸は、死んだ人間の魂だけではなく、お盆のときにこの世に帰ってきて、お盆が過ぎるとあの世にまた出掛けていく、死霊、祖霊の乗る乗り物という意味が強い。

それではいったい、先島丸はどこへいくのであろうか。

一湊の松山遺跡の調査や、サシバ〔タカの一種〕の渡りの研究、『屋久島の地名考』（自費出版、一九八八年）などで成果を上げた故永里岡《ながさとおか》は、「死者は先島丸に乗って、ミラクへ向かう。長崎県のある地方に、ミラクという地名があるが、そこへ行くのだろう」と語った。永のいう「ミラク」とは、長崎県五島の三井楽であることが、谷川健一の「海彼の原野」（『常世論』所収）を読むと明らかになる。

〔中国の〕舟山列島には、五島列島から男女群島をへて一直線にむかう海の道が開けていた。かつての遣唐使船も、五島の福江島の西端にある三井楽の柏港で飲料水を積み込んだ。

中世には、三井楽はみみらくの島という呼称で知られていたが、そこは日本の国の中にあるかどうかもおぼつかない、さいはての島と見なされていた。

一一世紀初頭の源俊頼の歌集には、「みみらくのわが日のもとの島ならばけふも御影にあはましものを」という歌がのっている。『蜻蛉日記』には、作者が母を失ったときに、僧侶から、みみらくの島にいくと、死んだ人が現れてきて、近づくと消えるという話を聞かされたことが記されている。三井楽はすなわち日本中世における現世と常世の境目にあたる場所であった。柳田国男はこの三井楽をみみらくの島と呼んだのは、かつてM音とN音の転換からニールク、あるいはニールスクと呼ばれていたのではなかったかと推論している。たしかに南島ではニリヤ［ニライカナイ］をミルヤとも呼んでいる。

永はそのとき、国分直一の著作を私に挙げて自説を説いていたが、今それを確認できないでいる。屋久島で先島丸の慣行があった部落はそう多くはない。屋久町からは、その事例は私が知る限りない。また、屋久島のなかで先島丸の行方について明確に説明できる人は少ないだろう。永のような在野の学者にしてかろうじてその意味づけができるだけである。谷川健一は「南に向かう魂の矢印」だと直感的に理解しているが、一五世紀後半法華宗を受け入れて以来、屋久島では仏教による死の理解が浸透し、死者をすぐ北枕にすることから見て、死者は「北」へ向かう、とされている。

人間の魂の原郷へと導いてくれるというウミガメは、昭和四〇年（一九六五）ごろまでは宮之浦の海岸にも上がっていた。宮之浦の港が整備され、砂浜がなくなると、カメは全く寄りつかなくなった(2)。永田でも、砂の採掘や護岸工事などで砂が急速に失われており、ウミガメ保護運動の高まりでかろうじて野生との共生が成り立っている。漁師からは時々「カメが漁の邪魔をしている、カメは増えている」という苦情を聞くが、現在カメもさまざまな受難を蒙っており（砂浜の減少、海を漂うプラスチックを餌と勘違いして飲み込むなど）、生きにくい世界を嘆いているに違いない。

2　伝承のなかの「山の大将」

サルにさらわれた娘

小瀬田の部落からは、秀麗な姿の愛子岳（一二三五メートル）が一望できる。この山に登ると、三〇キロ先にある種子島は目の前に浮かび、奥岳は手を伸ばせば届きそうな近さに迫ってくる。小瀬田の前岳である愛子岳に源を発する二本の川が、小瀬田とほかの部落との境界となっている。東の端を女川《めんこ》といい、西の端を男川《おがこ》と呼ぶ［もっとも現在では土地の人も、オンナガワ、オトコガワと呼ぶことが多い］。

その女川と男川の由来について、「乙女が石」という伝説が伝えられている（下野敏見『屋久島の民話』第二集）。

むかし、小瀬田に仲のよい若者と娘がありました。あるとき、娘は、女川の先の野原へ草きりに出かけました。そのころ女川には橋がなく、川のなかの石伝いに川を渡っていました。ところがちょうど水があふれていたので、娘はあやまって深みに落ちこんでしまいました。

「誰か助けてェ」

娘の悲鳴があたりにひびきました。このとき、一匹の野ザルが、じゃぼっと水にとびこんだかと思うと、おぼれている娘の体を川の真ん中にある石の上へ押し上げてくれました。

おかげで娘はあやうく一命をとりとめました。

このことがあってからというもの、娘が草きりにいくときは、かならず、そのサルがついてくるのでした。命の恩人ですから、娘はそのサルをかわいがっていました。ところがある日、サルがしきりにてぶりみぶりで、娘をどこかへ案内していくのです。娘は不思議に思いながらついて行くと、とうとう愛子岳の林のなかにつれてゆかれました。

娘はそれっきり、村へは戻ってきませんでした。村びとは、あの娘はきっとサルと一緒になったのだろうと噂しあいました。いっぽう娘と仲のよかった若者は、

「ほあ、あれを見れ。サルに女子《おなご》を取られてしもたが。あははは……」

と村びとに笑われたので、いたたまれず、とうとう、川の淵に身を投げて死んでしまいました。それが男川です。そして、男川にたいして、娘がおぼれてサルに助け上げられた川を女川と呼ぶようになりました。

娘の両親は朝な、夕な、美しい山を見上げては娘のことを思い、それからその山を愛子岳というようになりました。

娘が足を滑らせサルに助けられたという岩は今も残っており、川口の近くに、黒いヒョウタンのようなかっこうでそのままあって、乙女が石と呼ばれています。

小瀬田在住の安藤松若さんは、この伝承を次のように語っている。

そのむかし、女湖（めんこ・女川）の主の乙女と男湖（おがこ・男川）の主の坊主とが恋仲になりました。二人は落ち合う場所を探し、二つの川の源になっている山の頂上で会う約束をしました。当時は道がなかったので、二人はそれぞれ川を上りはじめました。ところが、山の半分にも達しないころに天候が急変し、大雨が降り始め、あたりはたちまち大洪水となり、乙女は女川の濁流にのまれてしまい、帰らぬ人になりました。乙女の体は下流へと流され、ある大きな石の上で止まりました。それで、その石を誰いうとなく「乙女が石」と呼ぶようになりました。そして、坊主は乙女の悲劇を知るや男川に身を投じたといわれます。そのとびこんだ場所を「坊主が谷」というようになりました。また二人が愛を確めあう場所とした山を「愛子岳」と呼ぶようになりました。

愛子岳と女川

安藤さんは、「伝承をよく聞いておけばよかった」と私に前置きしていたので、この安藤説は不完全であるのだろう。下野説との最大の違いは、下野説では娘はサルにさらわれるのに対して、安藤説では男（坊主）と逢引に出かけ不幸に遭ったとされていることである。両説とも女川、男川、乙女が石、愛子岳の起源を語っている。

永里岡は、むかし、小瀬田に「嫁女捜し」という行事があったことを私に教えてくれた。この行事は、サルにさらわれた娘の物語を解釈する際、一つのヒントを与えてくれる。この「嫁女捜し」のことは、『屋久島民俗誌』に詳しく紹介されている。先に、屋久島の娘組は二歳組［青年団］に厳しく監督されていたと述べた。小瀬田では、一七歳のカネツケ［初潮祝い］から二四歳までの嫁に行っていない者は、ウキミ［浮き身のことか？］といって、一つの団体を組んでいた。女は風紀を乱してはいけないということで、青年が取り締まっていた。ところが、そうした青年の監督から解放されるのが、旧暦一月一四日である。もと「ヨメジョバナシ」といったが、普通には「ヨメジョサガシ」といっている。

一四日の晩ウキミ連中は、御馳走を作って、青年の探し当てないようなところへ遊びに行った。みんなで固まって行き、巧みに山のなかへ隠れて、そこで一晩中だんらんする。南の島とはいえ、正月一四日だから相当寒いが、大きく火をたくと青年に見つかるので、それもできない。探し当てられると、不吉だといわれており、女はその隠れたところについては一切いわない。
一五日の朝、庄屋が法螺貝を吹くと帰ってくる。

雨のときは家のなかへ隠れる。

娘たちを捜すのは、若者ばかりではない。子供たちも、十手ぐらいの長さに木を伐り、これに布巾などをまいて、「出よ　出よ　出えよ　女《おなご》ども出えよ」と唱えながら、娘の家の垣をたたいて回った。そのとき子供たちは、小さな刀をさしている。

この「嫁女捜し」は一湊でも見られた。一湊の場合、子供たちが水鉄砲をもって村の中をうろうろし、若い女を見れば水をかけて回った。また宮之浦では、一月一五日、つまり、小正月、あるいは若正月の日に、「ヨメジョダセ」といって、子供たちがダセメソ（墨、煤）を若い女になすり付けてもよかった。

小瀬田の「嫁女捜し」は、一湊、宮之浦の「嫁女捜し」「嫁女出せ」と共通するところもあるが、「ウキミ」連中が自ら山のなかへ身を隠すという点で、全く違っている。小瀬田はウキミへの二歳組の管理が厳しく、それだけ若い女たちがそうした管理に対して一時的であれ、自らを解放する必要があったのだろうか。

すると、「サルにさらわれた娘」の説話は、小瀬田の社会構造を色濃く反映していることに気づく。まず、相思相愛の男女がいたが、その関係は、娘がサルに命を救われることで破局へ向かう。娘はサルが自分をさらうとは予想もしないでかわいがるが、ある日愛子岳の奥深く連れられていき、二度と帰らなかった。男はサルに女をさらわれた間抜けな男とさげすまれ、男川に身を投げて死んだ。この物語は、小瀬田における男女間の関係の厳しさを示すとともに、屋久島におけるサルの民俗観の検証を要請する。

サルと山の神

屋久島では、サルのことを猟師は、「山の大将」あるいは単に「大将」と呼んでいた。サルの忌み言葉である。山のなかでは、「サル」とはいわないで「タイショウ」と呼び換えていた。屋久島ではサルは、漢方薬として利用されてきたし、食肉としても（ときおり）食べてもいた。また大学病院の研究用、動物園用として、捕獲して、生計の糧としていた時代もある。

かつて屋久島は、「ヒト二万、サル二万、シカ二万、合わせて口六万」と呼ばれていた。実際のサルの生息数は、現在三〇〇〇から四〇〇〇頭の間ではないかと推計されている。昭和二八年（一九五三）の皆伐時代から、森が急速に失われ、一九七〇年以降、かつてほとんど人里にきたことのなかった「山の大将」「シカ」が、里の果樹園を荒らすようになってきた。

一般的に、狩猟や漁労では山詞《やまことば》や海詞《うみことば》という忌み言葉を使うことが多い。新潟県では山詞としてサル、坊主、死などが禁句とされていた。東北地方で、沖へ出て忌む言葉は、蛇とサルである。蛇といわず、ナガムシ／ナガモノなどと呼び、サルといわず、ヤマノオヤジ／ヤエンコなどと呼ぶ。山と海とは相関性を持っていて、両者を総合的に考えることが必要だ（北見俊夫「忌詞」『巫俗と俗信』講座日本の民俗宗教〈四〉、弘文堂、一九七九年）。日本の中央では、狐や猫を忌み言葉とする例が多く、九州地方と東北地方では、サルが忌み言葉として残されている。これは方言周圏説によって説明できる（千葉徳爾『狩猟伝承研究補遺篇』風間書房、一九九〇年）。

松田高明の『屋久島の不思議な物語』（秀作社出版、一九九七年）では、山のなかで怪異を起こす存在としての老猿《おんじょ》が登場する。この本は、サル猟の猟師であった父親とともに、永田から栗生の山（西部林道域）を歩き回った中学生時代の不思議な体験談をまとめた好著である。昭和一八年（一九四三）生まれの松田高明の中学生時代というから、一九五〇年代前半である。屋久島の山はまだ豊かだった。

その第一話「山の声」には、真冬の山を駆け抜ける、得体のしれない声のことが紹介されている。屋久島の山には、山の神以外に、山和郎《やまわろ》、山姫などがいると信じられていて、神秘的な体験をした人間に事欠かない。山で野宿するときはかならず、「ここの土地を今夜貸してください」と山の神様に祈願してから、野宿するのが常であった。また、ときおり、里の人間が神隠しにあったりもした。

ある冬の日、猿猟に出た私の父が、予定の日を過ぎても帰らない。村では「神隠しにあった」といいあっていた。私はまだ中学生であったが、一人で山のなかへ父を捜しに出掛けた。雪の積もった山々を、「おーい、おーい」と呼ぶ不思議な声が聞こえてきた。父の声でもないし、冬の正月に登山者はいないし、ましてや猿でも鹿でもない。木霊《こだま》か、何か。

やがて私は、鳥が峯の巨岩の下で、足を滑らせ傷ついている父を発見した。父もその不思議な声を聞き、最初は、老猿《おんじょ》ではないかと思ったそうだが、「逃げても逃げても追いかけてきたので、老猿ではなかろう」と父はいう。いったん村に戻ってから、再び山に出掛け、その不思議な声の正体を確かめに出掛けた。周囲の反対にもかかわらず、父は鉄砲を持ってゆくことにした。周囲はその声が山の神様であったら、大変なことになると畏れたのである。

父と私は鳥が峯に着くと、野宿した。すると夜更け、「ドシーン、バリバリ」という大音響がした。「大木が倒れた音だろう」と父は平静を装っていたが、しばらくすると、「ゴーッ、ゴーッ、ゴロゴロゴロ」と雪崩のような音がした。間もなく、「バサバサバサ、ギギギーッ」という音に変わった。父は鉄砲を取りだすと、「ダーン」と撃った。すると騒ぎはぴたっと止んだ。「老猿かも知れん」、と父はいったが、老猿が夜活動するわけはない。再び、大音響が聞こえだしたので、老猿ではないことははっきりしたが、父はまた鉄砲を撃ち、やっと音は消えた。

次の日、「大将」をとるため、牢［サルをとるための木製の檻］を仕掛け、また野宿した。しかし、今度はもうあの不思議な音はしなかった。次の日仕掛けた牢を見に行って父と私は仰天した。重さ一〇〇キロもある木製の牢が、逆さになってひっくり返っていたのである。二つ目の牢には異常がなかったが、三つ目の牢は跡形もなく、なくなってしまっていた。結局不思議な声の正体をつかむこともできず、鳥が峯での「大将」の罠かけを断念してしまった。

松田高明のこの不思議な体験に登場する老猿とは、何だろうか。真冬の寒い山を風とともに人を追いかけてくる「オーイ、オーイ」という呼び声。山和郎の可能性もあるが、夜の大音響とか、サルをとる檻をひっくり返すとかは山和郎の仕業とも思えない。

屋久島の岳に、サルとともに多いシカは、古来「山の神の使い」と考えられて、神の使者として伝説のなかにはしばしば登場する。シカはよく泳ぎ、沖に泳ぎ出すこともあるので、そうしたとき帰ってくるのを待っていて弱ったところを取る（こともある）。正月の初めには「初狩」といって、肉を取り分け、クサワキ、フクジャ、ジョーズ、マオなどの部位を一、二切って、山の神にあげた。シカは権現様のお使いである。人間の取るのは権現様に見放されたものである。狐や狸、猪は権現様がお嫌いで島に住まわせない[3](『屋久島民俗誌』)。

だが、サルの方は屋久島では明瞭な位置づけをされていない。松田の不思議な体験では、山の神と老猿の関係は明確にはされていない。それでも、父子の会話のなかから、山中で怪異を起こす存在として老猿が認識されていたことも明らかである。サルの社会構造からして、群れを離れて単独で行動するのは、若いオスザルに多く、老猿とは人間の想像である可能性が高い。

サルと人

伊谷純一郎の「屋久島の自然と人——古い野帖より」(『季刊生命の島』第三〇号、一九九四年)は、同僚の川村俊蔵とともに、昭和二七年(一九五二)、屋久島を初めて訪れたときの模様が書かれている。この調査の目的は、「高崎山や幸島などの孤立した群れで見られないような連続した群れ間のサルの観察」であった。すでに日本本土では森が切り開かれ、サルの群れが各地で寸断されてしまっていたのである。その点屋久島ではまだ森の連続性がかろうじて存在しており、幸島で始まった野生ニホンザルの研究は、屋久島へ舞台を移し、その後大きな成果を上げていった。

かち「群」が違うと、出合い頭に喧嘩をすることがある。ジイガタケの三〇匹のかちと、ウエヤマの三、四〇匹のかちの双方から、カブ「ボスザル」が出て、地面でごろごろまくれて争った。

相当長く続いたが、ガガガと叫びあいながら互いに後ずさりし、それぞれ郎党を引き連れて去った。ほかのサルたちは互いに固まって大将がやるのを見ながら泣きわめき、大将は毛を逆立てて叫ぶ。大将は怪我をして血が飛んでいた。

島の猟師はこうした凄まじい喧嘩を、繰り返し目撃したはずである。毛を逆立て、血を流して吠えまくる野生の迫力。群れ同士の喧嘩のみならず、群内でのボスの座をめぐる喧嘩も目撃したはずだ。そのような体験から、松田高明のいう老猿のイメージはできあがったに違いない。「老猿」とは「怨猿」のことかもしれない。

西部林道域はむかしからサルの群れが多いところで有名であった。数多くの沢と渓流を越え、緑のトンネルの心地よさを満喫できる屋久島でも第一級の観光スポットである。一九九七年の夏そこを車で通っていたら、一人の青年がサルに囲まれて座っていた。つい先ほどすれ違ったサル観察中の研究者の仲間かと思いながら、最徐行で通り過ぎようとしたら、「車と一緒に歩かせて欲しい」と怪訝なことをいう。不思議に思ってよく聞いてみると、「サルの群れに取り囲まれて動きが取れず、しょうがないので、座り込んでしまった」というではないか。すぐに車に入らせて彼をサルから救助したのであるが、その青年のいうことに同情するとともに、笑ってしまった。

永田から栗生まで歩いていました。もう四時間も歩いてさすがに疲れてきたころ、西部林道の真ん中にさしかかったのです。ある群れを追い越したら、その群れが追いかけてきたのです。慌てて足を速めると、今度は前の方にいた群れのなかからごっついサルが出てきて、二つの群れに挟み撃ちになってしまったのです。もう三〇分もああしてサルに囲まれて、座り込んでいました。

屋久杉ランドのサルたちが、人間にも、車にも慣れすぎ、餌を求めて、車のボディーに乗り、車が走り出してもそこを動かない、というまでに人間ずれしているのに比較すると、西部林道のサルはまだ野生そのものだ。「ごっついサル」というのは多分ボスだろう。誰もいないしんとした森のなかで疲れ果てた若者の目には、そのボスザルは、巨大な生き物に見えたに違いない。彼が逃げずに、またサルに立ち向かおうともせず、敗北して座り込んだのは正解である。サルを観察するときは、「サルを追いかけたり、サルのあとについて歩いたりしない。不安になって攻撃してくる。サルの目を見ることは、サルを脅かすことになるので、サルと目が合ったら、目をそらすことが大切だ」（あこんき塾「ヤクシマザルを追って――西部林道観察ガイド」屋久島産業文化研究所、一九九四年）。

私は、長年猟師として生きてきた渡辺泉さんに、お話をうかがう機会があった。渡辺さんは、昭和四年（一九二九）生まれ、当時、六八歳であった。永田のヨッゴ（横河）を上屋久町の関係者とともに、渡辺さんの案内で歩いたことがある。渡辺さんの山を歩き崖を巻く早さは、まるでサルの動きであった。

終戦後、鉄砲撃ちをやった。鳩、シカ、サル、イタチなどをとった。
山に入って険しいところを行くとき、木をつかんでひやっとしたら、その木はそのまま握っていい。しかしひやっとしない木は、枯れ木の恐れがあり、そのままぽとっと折れることがある。山を登るときは、木を下向きに折り、下るときは木を上向きに折る。それによって、後から来る人はどの方向にいったか分かる。

シカ狩りは、犬五、六頭を連れ、先祖代々の縄張り（猟区）を廻った。犬は普通は主人の近くを歩いているが、シカが近づくと、臭いでシカを嗅ぎとる。縄張りは、川とか、尾根とかで分かれている。上のシャーケン（険山）、下のシャーケン（険山）とかで分かれている。

サルは「ハコワナ」［牢］で捕える。サルのわな（牢）は、「かぶ」（群れ）が来ないと獲れない。わなにはリンゴやカライモを地面に埋めていた。サルが牢のなかで一週間ぐらいは生きられるような量をおいた。

「サルはあぶって毛を抜き、シカは皮をはいで食べる」。しかし自分はサルを食べたことがない。「サルは先祖代々のなれ姿」だから。サルを食べるという目的よりも、獲るための過程が楽しい。人にこうやって獲った、ああやって獲ったと自慢するのが楽しかった。

シカは足くぶりわなを地面に置いて捕らえた。一回に五、六頭獲れることもあった。年間五〇～六〇頭獲った。現在、猟友会から、害獣としての駆除要請がくると、それぞれ猟師は山に入り、駆除する。各部落に害獣駆除地域として警告が出る。

昭和二〇年［一九四五］代だと、生きシカ、生きサル代として、それぞれ六〇〇〇円もらった。これは動物園に送った。

ポンカン、タンカンの色づく頃、犬も山に連れていく。ミカン園に放ち、シカ、サルがくると、犬はがんがん吠える。ほとんどのミカン園は電気柵を仕掛けている。工事費は町の負担。自衛上、犬も飼っている。

渡辺さんもいろいろ不思議な体験をしたことがあった。

あるときシカを追ってヨッゴを遡っていたとき、一、二メートルもある「ヨイキ」(寄木)があったので、それを踏もうとしたら、突然その「ヨイキ」が深みへ潜り込んでしまった。あれは永田川の巨大なゴマ〔ウナギ〕だ。それから、ある日またシカを追っていてシカを沢まで追い詰めて近づいたら、大きなゴマがそのシカを飲み込んでいた。

これはまた何という巨大なゴマウナギなのか。これを法螺だと一蹴することはたやすいが、屋久島の山中にはこうした不思議な体験を当然のこととする神秘性があった。

渡辺泉さんの話すヤクザルによる食害は深刻で、その抜本的な対策は今のところ難しい。屋久島の農民のなかには猟銃の免許を取る者が増えていると聞いた。これは自らの手でサルを駆除するためである。武蔵大学の丸橋珠樹によれば、年間約五〇〇頭余りのサルが「駆除」されているそうだ。

野生動物による食害研究の第一人者である萬田正治は次のように述べている(「鹿児島県の野猿による被害の現状と対策」『植物防疫』第四七巻第七号七月号、一九九三年)。

鹿児島県における野猿による農作物被害は昭和五〇年［一九七五］代から顕在化し始め、年々増加の一途をたどったが、昭和六〇年頃から三〇〇〇万円から六〇〇〇万円前後で推移している。被害総額は平成三年度は、五四、〇六九千円で、被害の多いのは、(一) 果肉類、(二) 野菜類、(三) 芋類（サツマイモ）、(四) 米、などである。なかでも被害総額に占める果樹園の比率は約六割と高く、しかも鹿児島県の特産であるポンカン、タンカン、ビワ類のため、その被害は深刻である。被害地区は熊毛と肝属《きもつき》地域が最も多く、熊毛地域ではすべて屋久島の被害である。猿害対策研究を通じて、人里に住みついて被害を及ぼす野猿［有害猿群］と、山奥に生息して被害を及ぼさない野猿［野生猿群］では、行動・生態にかなりの相違が見られる。有効な猿害対策を確立するためには、人なれした有害猿群の行動・生態を明らかにすることが必要である。

現在屋久島では野猿の侵入を防ぐために電気柵で島全体を覆う工事が進行中である。それでも川の上とかでは電気柵を張れないし、知恵あるサルは電気柵を越える方法をすでに見つけ出しているかもしれないから、この工事でどれだけ被害が食い止められるか分からない(4)。

3　椰子の実を採るサルの話

一般的にインドネシアには、「オラン・ウータンを除いて七種二九属の霊長類が生息している。よく見かけるのはマカク属の一系統であるカニクイザルの仲間である。この種は川辺林や人里近くの二次林に多く、バリでは餌づけされている」(『インドネシアの事典』同朋舎、一九九一年)。私が取り上げる「椰子の実を採るサル」とは、「同族のブタオザルで、熱帯林の中を広く遊動するため、さほど目につくことはない」(同)。インドネシアにはこのほかに、独自の進化を遂げたサルが多数棲んでいて、「進化を考える上での宝庫」だそうだ(JICAの専門研究員として三年間、西スマトラ州の州都パダン市に住んでおられた、京都大学名誉教授川村俊蔵氏のお話)[川村俊蔵は、伊谷純一郎とともに、一九五二年屋久島を訪れた]。

非常におもしろいことに、この「ブタオザル」を用いて椰子の実を採らせるのは、スマトラの赤道直下に住んでいる人口約四〇〇万人のミナンカバウだけだということである。マレーシアにも一部そうした人々が見られるが、ミナンカバウの人々が一五世紀のころ移住した「ネグリ・センビラン」である可能性が高く、こうした習慣を持つのはミナンカバウだけだと断定していいだろう。すると、問題は二つ出てくる。ブタオザルはミナンカバウ以外の地域にも生息しているにもかかわらず、なぜミナンカバウの人々だけが、こうした「技術」を発達させたかということ。それにカニクイザルでもなく、ほかのサルでもなく、なぜブタオザルだけがそうした特殊な技能を発揮できるのかという問題である。ちなみに、ブタオザルは椰子の実を食糧とはしないし、とてもできない。彼らは人間の道具として使用されているのである。

椰子には多くの種類があり、多くの利用価値がある。われわれが最も目にするのは、「ココヤシ」で、生長すると、三〇メートル以上の高さに達する。ココヤシは、青い(インドネシア語的には「若い」）うちは、分厚い繊維に包まれた椰子殻の種子内にたっぷりと含まれている甘いジュースと柔らかい果肉を食する。だが、熟しすぎた（インドネシア語的には「古い／年とった」）椰子になると、内部のジュースはすっかりなくなり、果肉は固くなってしまう。ところが、この固くなった果肉が、インドネシアの料理の基本的なベース（ダシ）となるのである。家庭ではこの「古い」椰子の実の果肉を、オロシガネで擦りおろし、あらゆる料理のベースとして用いる。そのほかに、サゴヤシは、その幹が澱粉を大量に含んでいるので、食糧として利用でき、ニッパヤシの葉は屋根を葺く材料となる。

こうした利用価値の高い椰子ではあるが、ココヤシは高くなりすぎると、採るのが非常に難しくなってくる。世界の諸民族のなかには、特殊な道具を用いて、そうした高い木に登る方法を発明した人々もいるが、ミナンカバウの人々は、ブタオザルを利用する技術を開発したのである。なにせ、木に登るのは、サルの得意中の得意のことだから。

川村俊蔵にインタビューをしたときに、真っ先に私が質問したのは、この問題であった。すでに私は、こうしたサルは、小さいときに群れから取ってきて、人間が仕込んで、椰子の実を採らせるよう訓練する、という知識ぐらいは持っていたので、「あれは日本の猿回しのようなものですか」と尋ねた。すると川村俊蔵の答は、私の予想を全く裏切るものであった。「日本の猿回しとは全く異なる。インドネシアでもジャワとかで猿回しが時々見られるが、あれはカニクイザルであって、椰子の実を採るブタオザルは、自分の仕事をしているのであって、人間に利用されることで生きがいを見つけているのだ」という意外な発言であった。

川村に短時間ながら二回お目にかかれたので、この問題に関する川村の考えをかなり知ることができた。川村の発言では、次の二点が日本の猿回しと大きく異なる根拠として強調された（「猿回しと全く異なる」という表現には、二回目は慎重になっていた）。

第一に、ブタオザルの社会では、ボスとその取り巻きとの関係が「封建的」といえるくらい強く、ランクの下のサルはボスに絶対的な忠誠を誓う習性があるということ。こうしたことは一般的にサル社会に共通のこととして了解されがちだが、ブタオザルの場合、自分よりも強いものの意向をうかがうのがほかのサルよりも顕著で、その習性をミナンカバウの人々は巧みに利用したといえる。小さいときに群れから外れ、人間を自分のボスとして、椰子の実採りの「仕事」を与えられたサルは、主人に忠誠を誓って彼の命令通りに働くこと以外、生きる術はない。その訓練の結果は「偉大」で、人間の合図一つで、「若い椰子／古い椰子、右／左、上／下」の区別ができ、下で見ている主人の意のままに、必要な椰子の実を採ってくれる。ただ、もちろん、長い紐で主人に繋がれているから、絶対に逃げ出すことはできない。

ブタオザルは、カニクイザルと比べると、人間に慣れるのが早く、特別な訓練をしなくても、四歳以上になっても——これは大人になったサルという意味だろう——普通の人間でも飼うことができる。ところがカニクイザルは人間を恐れ、慣らすのが難しく、四歳以上になるとまず普通の人には飼えない（これはニホンザルでも同じと思われる。そのため、猿回しでは、死に物狂いになってサルの調教をする必要があるのだが、ブタオザルではそうした調教はほとんど必要ではない）。

実際「仕事」に出掛けるブタオザルを見ると、実に「嬉しそうに」（川村の表現）その仕事を遂行しているように思われる。特に、痩せたおじさんが、丸々と太り、喜々としているブタオザルを自転車に乗せて移動している図を見ると、どっちが生活に余裕をもって生きているのか分からなくなることもある。

ミナンの人々の話では、このサルも時々、主人に反抗して怒ることがあるそうだ。普通は、力の強い後足で自分の体を支え、自由になった両手で椰子の実をくるくる回して、そのまま下に落すのであるが、怒ると、その椰子を主人の方向に落とすことがあるそうだ。三〇メートルもの高さから落ちてくるのであるから、当たれば確実に人間は死んでしまう。そうしたときは徹底的に殴って、誰がボスであるかを思い知らせるそうである。あるいは、よくいうことを聞いたときには、バナナ、パパイヤ、リンゴ（インドネシアでも高地ではリンゴができる、あるいは最近は日本と同じくアメリカなどからの輸入品も目立つ）などの好物を与えて、労をねぎらうそうである。この親方はこの仕事を専門としているわけではなく、たいがいが農民で、農作業の合間にアルバイトとしてこの仕事を行なっている。収穫物の四分の一程度をお礼としてもらえるそうだ。

第二に、ブタオザルは、カニクイザル、ニホンザルなどと比べると、非常に「頭がいい」ということだ。紐に繋がれたサルが、三〇メートルもの椰子の木に登って仕事をしていると、ときに紐が、木に巻きついてしまう。ところが、ブタオザルは、どうしたら元の状態に戻れるかすぐに理解できるが、カニクイザル（ニホンザルも）はそうした能力がない。スマトラにいる霊長類で、この能力があるのは、ブタオザルとそれ以上に進化した、テナガザル、オラン・ウータンだけだそうである。

以下は川村俊蔵の話を参考にして、私が考えたことである。

四足歩行が普通のサルに二足歩行を強制するのは、人間にたとえると逆立ちをして歩かせることに匹敵するとよくいわれるが、猿回しでは、サルにいわば「曲芸」を教えるのに対して、椰子の実を採るサルは別に「曲芸」を仕込まれるわけではない。自然の状態で、ブタオザルが椰子の実を採るということは絶対にないのであるが、少し訓練を受けたブタオザルにとって、椰子の実を採る作業は、彼らのできるごく日常的な能力の発揮である。

椰子の実を採るサルは、水牛や牛、馬のような「家畜」と位置づけることができるのではないか。ミナンカバウは、ほかのスマトラ、マレー半島沿岸部に住むムラユ系民族に属するが（特に言語的な親近性が強い）、交易、漁業、非定着農耕を主とするムラユ系とは異なり、定着農耕の歴史が長く、その分、家畜の飼育法にも習熟している。私は、子供の水牛が、親と一緒に、田おこし作業の訓練を受けている光景を見かけたことがある。こうした「訓練」なしには家畜も人間の役には立たないのである。ミナンカバウの人々は、ブタオザルを、高い椰子の実を採る専門の「家畜」としてしまったのではないのだろうか。

人間と動物との関係は歴史的に種々の形態が考えられるが、いわゆるペットとして動物を飼うようになったのは、比較的近代の現象だと思われる。その意味で、猿回しのサルは家畜ではないし、ましてはペットでもない。はっきりしているのは、「椰子の実を採る」ブタオザルは、猿回しのサルとは、人間との関係のあり方が根本的に異なっているということだ。猿回しのサルは主人の徹底的な暴力の支配を受け、曲芸を仕込まれるのであるが、椰子の実を採るブタオザルは、自分の主人の仕事を助ける「家畜」として役立っている。

次に、なぜミナンカバウの人々だけが、このブタオザルを、人間にとって危険な作業である高所の椰子の実を採る作業に利用しているかという問題である。この問題については、まだ詳しく分かっていないが、彼らは、このブタオザルを人間よりも劣るのはもちろん、霊長類学の常識に反して、サルの中でもより下等なサルだと見ているという事実がある。ミナンカバウ語で、ブタオザルを「バロッ」と呼び、カニクイザルを「カロ」と区別する。インドネシア語では、「ブルック」と「クラ」となる。インドネシア語では、両者を共通に指す「モニェット」という言葉があるが、ミナンカバウ語では、両者を共通に指す言葉はない。インドネシアを代表する霊長類であるオラン・ウータン（森のヒトという意味）は、モニェットのなかには入らない。ただ最近、なかにはオラン・ウータンのことを、「モニェット・ブッサール」（大きなモニェット）と呼ぶ人もいるが、まだ一般的ではない。オラン・ウータンは、別格なのである。

ミナン語でバロッと呼ばれるブタオザルは、豚の尻尾によく似た短くて、細く、くるりと曲がった尻尾を持っている。またその顔つきも、頬骨が張り、見ようによってはヒヒ類に近い顔つきをしているが、よくよく見るとなかなか貫禄のある顔をしている。その分人間により近い顔ともいえる。

バロッは、「よく人里に来て、果樹園を荒らし、人家に入って食糧を盗む」といって、ミナンカバウの人は怒りをぶつける。こうしたことから、ミナンの人々は、性悪の人間を「バロッのようだ」といって軽蔑する。それに対して、カロと呼ばれるカニクイザル――この名前の由来はよく分かっていない、植物食のこのサルがカニを食べるということはまずない――の方は、そうした悪さもせず、顔つきもバロッに比べると「上品」だというのである。

この最後の事実をよく考えると、現在インドネシアで進行中の重大な環境破壊の実態が見えてくる。

先にも引用したように、「バロッ」（ブタオザル）は、「森を遊動して、めったに見ることはできない」サルであった。ミナンの人々は、こうした希少なサルの習性をうまく利用して、人間の家畜にしたのであるが、本来的には、人間と接触する機会はほとんど少なかったサルなのである。一方、「カロ」（カニクイザル）の方は、「川辺林とか、人間の開いた二次林に棲む」サルであって、海岸部のマングローブ地帯もよく好む（マングローブ地帯にいるのを見て、カニクイザルと命名されたという説もある）。

こうしてみると、どちらかというと「カロ」（カニクイザル）の方が、人間と接触する機会は多い、と見た方がよさそうに思える。ただ、ミナンカバウの人々が海岸の低地帯に住むようになったのは、一九世紀に入ってからで、それ以前は、気候のいい標高五〇〇～一二〇〇メートルの内陸盆地で、水田耕作をしていたので、その逆に「バロッ」の方によく接触していたかもしれない。

二〇世紀初頭から始まった人口増加とともに、新田を開拓する必要に迫られ、次第に山の中腹まで続く見事な棚田を発達させたのであるが、その過程で、「バロッ」の生活域と接触し、彼らに対する「憎悪」と「飼い慣らし」が始まったかもしれない。あるいは、一九世紀半ばから進行したオランダの植民地支配の強化の中で、従来全く人間に利用されていなかった海岸低地帯を開墾して、ココヤシのプランテーションが大々的に開かれていくが、その過程で人間と「バロッ」の利害が対立深化し、彼らに対する敵意と、その家畜化も進行したかもしれない。これは、現在、バロッを利用して椰子の実を採らせる技術が最もよく見られるのは、一九世紀以来ココヤシのプランテーションが開かれてきたパダン北部のパリアマン一帯であることと符合する。

さてインドネシアは、一九六五年の政変を転機として、海外資本を梃子にして、急速な「開発」政策を展開する。そのなかで、日本からのさまざまな資金が、最も重要な役割を果たしている。石油、天然ガスの開発、琵琶湖の数倍はある北スマトラのトバ湖の水を利用して水力発電を起こし、アルミを精錬する「アサハン計画」、あるいは熱帯林の伐採と輸出、多目的ダムの建設、とあらゆる「開発」が現在進行中である。その開発がどのような影響を及ぼしているか、ここでは詳しく述べられないが、確かにインドネシア経済は全体として発展したが、富は、ごく一部の人々に集中し、多くの民衆はより厳しい生活に追い込まれ、環境は確実に破壊されてしまった。インドネシアは一九八〇年より、丸太の輸出を禁止したが、これは熱帯林の伐採を止めたことを意味するのではなくて、従来外国資本がやっていた伐採と加工を、インドネシア資本(それもスハルト側近の一部のグループ)の独占としたことを意味している。

従来インドネシアの森林は、たとえ人が住んでいなくても、慣習法的に、ある民族(部族)が、農耕、狩猟、ロタン(籐)の採集などに利用する権利を持っていた。インドネシア政府はこうした熱帯林をほとんど無計画的に伐採し、先住民の生活と権利を奪い、人口過多のジャワから半強制的に貧困層を移住させ、先住民とのトラブルを起こし、伐採されて裸地となり砂漠化した土地に水田耕作をさせて、環境をますます破壊している。政府は口では「持続的開発」といってはいるが、いったん伐採された後は、ほとんど野放しの状態で、インドネシアの熱帯林は、後三〇年で姿を消すと予想されている。

また、スマトラでは、アブラヤシ栽培(椰子油が採れる)のために、内陸の熱帯林や、海岸低地のマングローブ林が急速に失われている。その結果、サルの生息域のみならず、トラやワシといった食物連鎖の頂点に立つ動物が、人里に現われ、時には村人を襲ったり、養殖池の魚を襲ったりということで、「人喰い虎退治」「ワシ退治」が村人の大きな関心となることがある。

川村俊蔵の後任として赴任した大串龍一の話では、トラは森が減ってもその数はかならずしも減ってはいないそうだ。トラは、タヌキと同様、人間の集落周辺に棲みつき、人間の飼っている家畜を襲うようにその生活方法を変えられるためだそうだ。西スマトラの州都パダンにある国立アンダラス大学の構内に、近くの森から時々トラが出てきて大騒ぎとなる。こうしたインドネシアの自然をめぐる大きな動きのなかで、「バロッ」のみならず、「カロ」も次第にその生息域を奪われ、人間の生活域に出没することが多くなってきたが、彼らが直接人間と接触するようになったのはごく最近のことである（その分カロに対する評価、特に悪意に満ちた評価は今までなかった）。

インドネシアで現在起きつつある変化、環境破壊は、回り回って、われわれの将来へも大きな影響を及ぼす。軍、内務省、警察権力に徹底的に監視されているインドネシアの日常で、例えば環境破壊に対する反対運動、労働運動などは、物理的な制裁で報復されることが少なくない。屋久島は世界の宝と、能天気に胸を張る前に、屋久島の自然はすでにどの程度破壊され、今後も粘り強い努力なしには、その自然は保全されえないということを知るべきだ。「山の大将」はなぜ、里に下りてきて、果樹園を荒らすのかをもっと徹底的に考えるべきだ。

その日の生活に追われるインドネシアの人々に環境保全の必要性を訴えるのは、多くの階梯を必要とする。人口問題、貧困、民主主義などなど。そのどれをとっても、困難で、時間のかかる課題である。こうした事実を知るにつけ、屋久島は、いかに恵まれた条件におかれているかを知るべきだ。あるいは、公共投資以外にろくに収入の機会のない屋久島は、基本的にはインドネシアの開発志向と同じであるとも見てとれるが、少なくとも、県とか国に反対意見、対案をする自由はあり、屋久島はそれによって未来を開く可能性を大いに秘めている。そうすれば、われわれに課された責任とはいったい何であるのかという課題も次第に明らかになってくるはずだ。

【注】

(1) 拙稿「後産の処理とそのディスコースをめぐるミナンカバウの権力とジェンダー」社会科学編『紀要』第一〇五号、法政大学教養部、一九九八年を参照のこと。

(2) 宮之浦新港のある「一本が浜(浦)」は最近砂が回復し、時々ウミガメが上陸するようになった。だが、浜が小さすぎて、上陸したカメが海に戻れなくなる危険性もある。

(3) 屋久島でも最近タヌキが頻繁に目撃されるようになった。DNA鑑定で、ある特定のつがいから増えたことが分かっている。誰かがなんらかの理由で放した可能性が高い。

(4) 二〇一〇年現在、サルよりもシカによる食害が深刻になってきている。自然保全調整官の濱田さんのお話では、シカを年間一〇〇〇頭駆除しても、自然繁殖を抑えることが困難だそうである。

第5章

縄文杉の神話作用

縄文杉とその展望台

まず子杉《ママ》から推定して、樹令《ママ》二十四世紀〔二四〇〇年〕の場合を考えると、最初の十二世紀は、そのままとして、次の十二世紀は生長減少率の逆数を倍加せねばならぬから、仮にこれを$\sqrt{2}$として、総樹令《ママ》は、$12+12\times\sqrt{2}=12(1+\sqrt{2})$となり、子杉の生長速度から割りだせる樹令《ママ》に$(1+\sqrt{2})/2$なる係数を掛けて補正せねばならぬ。

この要領を帰納すれば、子杉《ママ》から割り出して三十六世紀の古木は$(1+\sqrt{2}+2)/3$、また四十八世紀のときは$(1+\sqrt{2}+2+2\sqrt{2})/4$等の級数公式が得られる。例を縄文杉に選べば、その周囲は十六・一メートルであり、小杉の周囲から割り出せば、ほぼ三十六世紀ないし四十八世紀程度となるが、前述の補正係数を掛けるも、五九・九七〇五六世紀、及び八六・九一一六八世紀となる。

この平均値六九・九四一一二世紀という値は、岩川貞次氏の推定六十九世紀、著者の推定七十一世紀〔七一〇〇年〕の前後の樹令《ママ》となる。

真鍋大覚「小杉谷の由来と間氷河期」『暖帯林』一九七七年六月号

1　序列化された時間

縄文杉の「発見」

屋久島が一気に注目されるようになった最大の原因は、何といっても推定樹齢「七二〇〇年」（環境庁推定）という縄文杉の発見である。現在縄文杉は、人間の営みをはるかに越えた生命の神秘として崇拝され、屋久島を語る場合に欠くことのできない存在になってしまった。縄文杉はその評判ゆえに多くの人間を魅惑し、多数の人間が訪れるにつれてその根本は踏みつけられ、樹皮を剝がされ、今や瀕死の状態に至っている。一九九六年からは、この杉に登山者が近づかないよう展望台まで作られ、無残な姿を晒すまでになってしまった(1)。

縄文杉は昭和四一年（一九六六）五月、岩川貞次さんによって「発見」された。私は昭和四三年（一九六八）の夏この杉に初めて対面した。私は永田ルートで山に登る際、岩川さんにこの杉のことをうかがった。「自分が発見し、大岩杉と名前をつけたあの杉のことを、九州営林局長の誰それが、勝手に縄文杉と名づけて世間に発表してしまった」と、悔しそうに話していたのが印象的であった。その後岩川さんは、「遠くから見ると岩のように見えたので大岩杉と名前をつけた」と人に語っているが、私が覚えている限り、「自分の名前の一部を取り入れて命名した」と話していた。

屋久島には、「大王杉あたりに一三人でやっと一抱えできるような大きな屋久杉がある」という言い伝えがあり、岩川貞次さんはその言い伝えを根拠に七年がかりで、「大岩杉」を探しあてた。縄文杉が江戸時代には知られていた証拠は、「縄文杉の裏側の斜面には、伐採したまま捨てられた屋久杉の〝死がい〟がゴロゴロしている。ともかく切るに値する屋久杉は切り尽くされた感じ」(『南日本新聞』一九八七年五月一六日)、という写真家の山下大明氏の発言が裏づける。

昭和四二年(一九六七)一月一日の『南日本新聞』第一面は、「生き続ける〝縄文の春〟」「推定樹令四千年　発見された大屋久杉」という見出しで、この杉の堂々たる写真を、一面ぶち抜きで掲載している。取材した宮本秋弘記者は次のように、その杉に出会った感動を記している。

「ヤクスギの横綱・大王杉を上回る大樹がみつかった」という報告を受け、期待と不安を胸に現地にたどりついたのは昨年の暮れ。三代杉からウィルソン株へ向かう。うす暗い花崗岩の谷間をいくつも越えた。大王杉を見て右折し、さらに四〇分。小杉谷を出て四時間も歩いたろうか――と思うころ、登山道から約二〇メートル離れた密林のなかで、われわれは思わず足をすくめ、天をささえるその木を見た。

標高一五〇〇メートル[実際は一三〇〇メートル]。高塚山に近い東部稜線。針葉、広葉の樹木や風倒木、シダ、コケ類で織りなされた未開の森を威圧するように、それはそびえ立っていた。これが樹木と呼べようか。怪物でなければ、呵形の金剛力士だ。

推定樹齢三〇〇〇年以上。四〇〇〇年ともいう。その一粒の種が芽を出したころ、縄文時代であった。日本列島にまだ〝国家〟は存在しなかった。先史人はハチ型の土器をつくり、シカ狩りなどをして暮らしていた。屋久島には一湊式土器文化と市来式土器文化が共存していた。それらの先史人は滅び去ったが、ヤクスギの原始林は生き続けた。その驚異的な生命力の根源は何であろう。

現代人はこれを「神木」と呼ばないにしても、その神秘的ないのちの固まりには、巨大な感動がある。同時にそれは「縄文時代の郷土の、生きた確かな証人」である。われわれは、この厳粛な「自然」との対話によって、現代文明が「振りかざしたオノ」を収め、島が無限のやすらぎを取り戻すことを願わざるにはおれない。

この記事を読むと、この杉の名称はまだ確定していないことがまず理解される。私がこの杉を見たころは、まだ「大岩杉」の方が一般的であり、「縄文杉」という名称はその後一般化した。「縄文杉」という名称が一般化する過程において、『南日本新聞』のこの記事の影響は大きかったと思う。たとえそれが四〇〇〇年と今日から見たら控えめな樹齢を推定していても、その杉を見ること、考えることを、日本の歴史の時間軸に置き換えて、あたかも歴史の生き証人であるかのような言説（ディスコース）を初めて与えているところに、この記事の特色がある。

次に注目されるのは、この杉の樹齢が、三〇〇〇年以上、あるいは四〇〇〇年に達するか、という推定をしているところを見ても、この杉の発見当初は、まだ「七二〇〇年」という想像を絶する樹齢のことはどこにも出てこないということだ。ただ、発見者の岩川貞次さんは、独自の計算で「六九〇〇年説」を唱えていた。その根拠は、ヤクスギの大きさ（直径）と年輪の数との相関関係から割り出したものであった。

最後に記者は、屋久島における森林伐採を反省し、「島の自然が無限のやすらぎを取り戻すことを願わざるにはおれない」と締めくくっている。だが、この記者の願いは、その後この杉を襲った凄まじいまでの嵐の前に吹き飛んでしまった。

観光ポイント縄文杉

一九九七年八月、私は約二五年ぶりにこの巨木と対面した。折からの台風九号の接近で小雨がぱらつく天気であったが、この日だけで推計三〇〇人ぐらいの人が縄文杉「観光」に訪れた。途中で出会った山下大明さんは、「子供を除いて二〇〇人」と推計していた。年間数万人に達する人が、ほとんど何の制限もなく、縄文杉を目指している。荒川ダムにトイレがあるほかはその先トイレがなく、我慢できなくなった排泄を道端にする者が多く、トロッコ（トロ）の線路脇には黄色い固まりが、異臭を放っていくつもできている。

私はある大学の学生二人と登ったのであるが、途中、ある学習塾主催の登山グループに出会った。彼らは四泊五日の予定で屋久島に来ており、この日が縄文杉登山というわけである。生徒の年齢はかなり幅があり、上は中学生から、下は小学三年生の子供もいた。今では受験産業でもその事業の一環として、「屋久島自然体験コース」という企画を持っていることに驚いてしまった。

もっと仰天したのは、マウンテンバイクを担いで登っている神奈川県から来た三人組に出会ったことだ。「神奈川の山をバイクを担いで登り、バイクに乗って下りることをよくやっている。屋久島の山はクマザサで覆われているそうだから、縄文杉を見た後は、島の反対側にバイクで下りたい」。彼らは小杉谷から七キロのトロ道まではバイクに乗って「登って」きたそうだが、さすがにウィルソン株を目指す登りになってからは、そのバイクを担いで歩かざるを得なくなった。ウィルソン株で、私にこれから先の道の状況を聞いてきたので、山に詳しい山下さんを紹介した。山下さんも彼らの企図に半ば驚きながらも、控えめに、「これからの山道では相当に難しい」というだけであった。

縄文杉が「発見」されて以来三〇年間に縄文杉を襲った称賛という破壊の嵐を、剝がされたその樹皮、土砂流出防止のための根本を覆う木の切り株、それに世界自然遺産のなかの人工物である展望台が雄弁に物語っている。発見された当時、縄文杉を取り囲んでいた鬱蒼とした森は切り払われ、空がぽっかりと口を開けているのが無残だ。展望台は、おりから到着した数十名の生徒たちで鈴なりとなっている。彼らが食べるお弁当から発する世俗的な臭いと、彼らがあたり構わず騒ぎ回り発する奇声が、この縄文杉が今ではすっかり、下界の観光ポイントとなってしまったことを象徴していた。

縄文杉もひどいが、ウィルソン株はもっと惨めな状況に陥ってしまっている。泉の湧くその内部は踏みしめられて、地盤がかなり下がってしまった。根本を覆っていた土は流され、やせ細った株が弱々しく大地にかろうじて立っていた。この杉の生きていた時代の堂々とした姿を思い出すたびに、またその株の外周部に生い茂っている樹齢一〇〇年の小杉のたくましさを見るにつけ、この株のみすぼらしさが哀れである。「木魂神社」は祀られているにはいたが、誰もその存在に気づかず、「一品宝珠権現」の存在など想像もできないに違いない。三人組は、ウィルソン株から縄文杉に至るきつい起伏の繰り返しに、ついに音をあげ、バイクを薮に「隠して」登山を続けた。

序列化された時間

屋久島では巨大な屋久杉に固有名をつけて呼んでいる。私が問題にしたいのは、その名づけの背後に隠されている問題である。現在までに固有名詞で呼ばれている屋久杉を、アット・ランダムに列挙してみると次のようになる。楠川登山道沿いの「三本杉」、白谷雲水峡の「弥生杉」、小杉谷から宮之浦岳にかけての大株歩道沿いの「三代杉、ウィルソン株、大王杉、夫婦杉、縄文杉」、屋久杉ランドの「紀元杉」、花之江河近くの「大洞杉」、「翁杉」、それに瀬切川上流の「八本杉」［倒木更新した小杉］などである。

第1章で述べたように、屋久杉と小杉は主に樹の形態上の違いによる区別である。屋久杉は小杉と比べると、風雪に耐えてきた樹皮の荒々しさ、梢がないこと、台風や落雷のため木が途中で折れたり、内部に空洞が目立つこと、樹齢が平均七〇〇年以上あることなどを特徴とする。こうした巨木は見ればすぐ分かるので、江戸時代以来固有名詞で呼ばれていたかもしれないが、そこには、縄文杉を特別視するような、特定の木への信仰というものは全く存在していなかった。

屋久杉に関する固有名詞は、二つのグループに分けられる。第一は杉の形態、外観から名づけられたグループで、「三本杉、三代杉、夫婦杉、大洞杉、八本杉」などがそれに入る。大王杉もこのグループに入れてよいだろう。それはその杉の特定の部位を固有名詞化してはいないが、縄文杉が「発見」されるまでは、この杉が屋久杉の大王であるということで、特に巨大なこの杉に与えられた尊称であるからだ。これからすると、こうした命名は明治以降のことだという印象が強い。また、ウィルソン株は「発見者」ウィルソンの名前を記念して呼ばれた切株であるが、元々は、単に大株と呼ばれており、その命名の特徴は、大岩杉とともに第一のグループに入れていいだろう。

第二のグループの命名の特徴は、第一のグループと明らかに異なった命名の論理を持っている。それこそ私が問題にしたいと思っている名づけの方法である。例えば「弥生杉、紀元杉、縄文杉」とくると、屋久杉の樹齢を日本の歴史の時間軸に置き換え、その時間軸の系列のなかからその杉の固有名を導き出していることにすぐに気がつく。だから樹齢八〇〇〇年から一万年という縄文杉を凌ぐ巨大な杉が「発見」されたと報じられたとき、「万代杉」と名づけられたのである。千尋滝《せんぴろのたき》の奥岳側で見つかったこの杉は、「胸高周囲」の計測法に間違いがあって、幻の杉に終わってしまった。だが縄文杉を凌ぐと一時的ではあれ想像されたこの杉が「万代杉」と名づけられねばならなかったことは、私の考えを裏づけている。

こうした固有名詞はいったい誰によって名づけられたのだろうか。第一のグループは、今、考察の対象から外すとして、第二のグループの屋久杉は、屋久杉ランド、白谷雲水峡と一九七〇年代以降開設された自然休養林内にあることが特徴的である。それは縄文杉「発見」後の名づけの〝成功〟に促されて、営林行政関係の上層部によって古い名称に代えて命名され直されたものなのか。あるいはこうした名称が先にあって、縄文杉という名づけがされたのであろうか。とにかく第二のグループの名称が目指していることは、屋久杉の樹齢を、日本の歴史に置き換えて読み直すという作業である。

楠川出身の弁護士、牧良平は、永田岳付近の断崖に立つという「幻の大杉」捜しに取りつかれている。その「幻の杉」捜しを始めてからちょうど一〇年目の、一九九四年秋、一本の巨大な杉を発見した。急峻な崖に立つ屋久杉はいつもその測定法が問題になる。この杉の場合も、根と判断できる部分が一番下の地際から六メートルもあり、そこから幹と考える。胸高周囲を幹と判断された地点より一メートル上と考えて、計測した結果、「約一〇メートル」、高さは目測で約四〇メートル。樹齢は二五〇〇年から三〇〇〇年、今まで知られている屋久杉の上位五位には入るだろう、と牧は考えた。牧はこの杉を、神武の建国にちなんで、「肇国杉《ちょうこくすぎ》」と名づけた（『屋久島物語』マキノンブル社、一九九六年）。牧良平によって発見されたこの「肇国杉」は、縄文杉の二の舞いになることを恐れて、その詳しい場所は公開されていない。これは賢明な処置だと思えるが、ここで興味深いのは、牧がその杉に「肇国杉」と命名したことである。縄文杉と全く同様な命名法がとられている。(2)

こうした命名法から導かれるのは、屋久杉を時間軸のなかで序列化するという思考法である。一〇〇〇年以下は、まだまだはなたれ小僧（小杉）。一〇〇〇年に達して初めて一人前だが、それでは大したことはない。二〇〇〇年、いや三〇〇〇年経たないと、皆の注目を集められない。縄文杉はそうした屋久杉のなかで、断トツの七二〇〇年という気の遠くなるような時間を生きている、とされるのである。

例えば、一九八四年七月一六日から二〇日まで五回にわたって特集された『朝日新聞』の「屋久島――人と自然と」の第一回目に次のように記されている。「輪切りになった屋久杉の年輪は、日本の歴史を凝集している。昭和、大正、明治は五ミリほど、徳川時代が十センチ足らず、富士山の大噴火や地震の際は木目が乱れ、聖徳太子の時代が中程、年輪の数は二千を越える」。

ところで自然科学の分野では、こうした作業は屋久杉だけでなされているのではない。数千メートルの厚さのある南極の氷を二〇〇〇メートル余り縦に切り出しその成分の変化を調べる、あるいは海底の堆積物を同様の手法で調べる、ということは日常的になされている。その結果ある指数（例えば最近問題となっている温暖化、酸性雨の場合だと二酸化炭素、窒素酸化物）の、時間軸に従った変化ということは分かる。そうした気の遠くなるような基礎的なデータの積み上げから、ある問題への発言をする自然科学に対して私は敬意を覚えるが、それは歴史ではない。

歴史とはそうした単純な時間の連続ではない。私が屋久杉の年輪の変化から「日本の」歴史を考え直そうとする発想を毛嫌いするのは、年輪の量で歴史の質を決めつけてしまうということが前提にされているからである。「昭和、大正、明治は屋久杉の年輪だとたったの五ミリ」、「江戸時代が十センチ」といってみても、何が分かるというのだろうか。屋久杉の年輪の変化から、過去の気候変動などの間接的な証拠を得ることは可能だが、それ以上のことは何もいえない。せいぜい自然の時の悠久さに比べたら、人間の歴史ははかないもの、という平凡なセンチメンタリズムしか喚起してくれない。

一九九七年の夏、屋久島からの帰りに、私は日本最古の集落遺跡である鹿児島県国分市の「上野原遺跡」を見た。海抜三〇〇メートルの高台には、何千年という時間を連続的に人が住み続けた。数メートルに掘り下げられた地面からは、桜島や鬼界カルデラ［現鹿児島県三島村硫黄島付近］の活動を示す特徴的な地層が出てきて、年代決定の決め手となった。その最古の集落は、今から九二〇〇年も前の縄文前期であることが確認された。遺跡の集落跡から、当時すでに何十世帯という単位で住んでいたことが確認され、鉄器はなくとも土器だけで蒸し焼き料理などをしたことも分かった。

私は暑い日差しのなかで、縄文杉のことを考えていた。ここに、九二〇〇年前という考古学の確かな方法で明らかにされた時間と生活がある。われわれの直接の先祖が相当な技術の水準で住んでいたという証拠がある。そこには、神秘性のヴェールで覆われた近寄りがたさよりも、確実性という絆でつながれた親近感の方が先に感じられる。これだったら、自分も住めそうなタイムスリップ感を味わえる。縄文杉はあまりにも神話的なイメージを喚起し過ぎた。私が期待しているのは屋久杉によって、日本の歴史とかという大上段の問題を論じて欲しくないということである。屋久杉の名称はあくまでも屋久島の「ローカルな歴史」を表現するものであって欲しい。そういう意味からすると、屋久杉の名称のなかの私が第一のグループと分類した名づけを私は愛する。そうした名づけがいったい誰によってなされたのか私は知らない。だがそこには何と個性的で、豊かな名前が躍っていることか。

縄文杉二一〇〇年説

縄文杉の樹齢は、九州大学の真鍋大覚の推測を元にして環境庁が「七二〇〇歳です」というコピーをつけたことから一般化する。その前提は縄文杉を、一本の（あるいは一代の）木として考えるところにある。だがもしそうではなくて、屋久杉の世代交替でよく見られる倒木上更新［ある木が朽ちた後にその木を苗床として次の世代が生長すること］が縄文杉でも起きていたならば、縄文杉の寸胴なその異様さは説明できるし、樹齢の謎も解けるという説がある。

今から六三〇〇年前の「鬼界カルデラ」の大爆発によって、屋久島は大火砕流に襲われた（幸屋火砕流）。私はその証拠を、「上野原遺跡」で見せつけられた。何十センチにもわたって、「アカホヤ層」が見える。九二〇〇年前と推定された遺跡は、その下に存在していた。屋久島でも山のなかを歩くと、崖の斜面とかにこのアカホヤ層が露出している。触ると水分を含んでいるせいかひんやりと冷たく、赤い粘土状の土と白い砂礫が混じっている。厚さはやはり数十センチはある。このアカホヤ層は、西日本各地で見いだされ、考古学の年代決定に重要な指標とされている。

一九八〇年から四年間実施された環境庁の「屋久島の自然の総合調査」でも、このアカホヤ層の調査がなされた。場所によっては一メートルにも達するこの層は、軽石そのほかの粒状物が火砕流として全島を覆った痕跡である。その温度は三〇〇度から一〇〇〇度に達したと考えられ、この火砕流をまともにかぶれば、動植物はまず助からない。しかし、生物進化から見ても、短い時間に屋久島独特の動植物相が生まれるとは考えられず、この火砕流を岩蔭そのほかのところで生き延びたものの子孫もいることも確かであろう。花之江河の泥炭層の堆積物の炭素一四法による調査の結果、幸屋火砕流を境にして、今から二六〇〇～二七〇〇年前ごろまでは、数度の火砕流跡が見られ、非常に不安定な状態であったことが分かった（環境庁自然局『屋久島の自然』一九八五年）。

このような事実から縄文杉「七二〇〇歳説」が疑問視され、そこで学習院大学の木越邦彦教授は縄文杉の内部から五、六片の木片を採取し、それを炭素一四法で調べた。その結果、各木片がそれぞれ違った数字を示し、最大でも二一七〇年という数字しか出てこなかった（前記『朝日新聞』）。この結果に木越教授は「縄文杉は合体木であろう」と推測をした。つまり、「年代の異なる数本の杉がある時点で合体し、一本の木になった」というわけである。

炭素一四法を使ったこの縄文杉二一〇〇年説に対して、例えば、縄文杉の内部は大きな空洞になっているから、炭素一四法だと中心部の年代までは分からないのではないか、という疑問が出されている。環境庁の調査グループでは、縄文杉は少なくとも幸屋火砕流以後生長したものであるとして、縄文杉「六三〇〇歳説」をとっている。縄文杉を合体木であると認めても認めなくても、内部が空洞化してなくなっている以上その正確な年代は決定できない。確かなことは幸屋火砕流が発生した六三〇〇年を越えるものではない、とされている。

私は縄文杉の樹齢について「科学的な」決着をつけたいと思わないが、無理に縄文杉「二一〇〇年説」を否定しなくてもいいのではないかと思う。縄文杉と同時に実施された大王杉の炭素一四法による樹齢が、従来推定されたように約三〇〇〇年という数字が出た（『朝日新聞』）、という事実をどう判断すればいいのだろうか。大王杉の内部も空洞になっているが、それは見るからに、一代の杉と想像される。それにひきかえ、縄文杉の方は杉とは思えないほど、異様な姿をしている。もし縄文杉が二代杉、あるいは三代杉であっても、あるいは合体木であっても、それは縄文杉の価値を少しも貶めない。縄文杉が称賛されるべきは人間の時間感覚を全く越える時間を生きてきたということにあるのではなく、二代、三代と連綿として命が見事に継続されてきたという事実である。それが屋久島の森の特徴であり、造形的にも見事な作品に仕上がっているということになるのだ。

屋久島のなかにはこの「学術調査」の結果に失望する声があるのを私は知っている。「折角〝縄文杉の島〟として有名になり、多数の観光客も来てくれるというのに、これでは逆効果だ」というわけである。確かに、縄文杉は屋久島のシンボルになってきた。南日本を市場とするデイリー牛乳は、軟水特有の屋久島の美味しい水を「縄文水」として売り出し、一大ヒット商品になった。なかには、縄文水とは「縄文杉の近くでとった水のことだ」と勘違いしてありがたがる人もいるから、縄文杉の御利益はここまで及んでいるのである。

映画「モスラ」（米田興弘監督、東宝、一九九六年）のなかで、モスラの幼虫が羽化する場所が「七二〇〇〇年の時間を生きてきた」縄文杉の根本であったことは、この杉に込められたイメージがこれほどまでに一般化しているということを端的に示している。まさしく、「生命の樹」と見なされているのである。

樹齢七二〇〇〇年、人間の文明のあらゆる営みを越えるもの、というそういう人間の勝手な思い込みを受け、世俗化の洗礼を受けているこの杉を救うには、人間のこの木に対する神話化を排除することである。屋久島を訪れる人間のほとんどが、「縄文杉を見ずしては屋久島に行ったことにはならない」という先入観を持ってしまっている現状を打開するには、縄文杉に投入された人間の側の勝手な思い込みを破壊することが必要だ。そのためには一時的に屋久島のイメージが壊れても、縄文杉への称賛を、屋久島全体の生態系への称賛へと人々の理解が進むのであるならば、それは越えなければならない課題だといえよう。

2 縄文杉巡礼

「縄紋」という脱構築

私は屋久島を訪れる外来者が、こうも縄文杉に引かれるのが分からない。まるで屋久島には縄文杉しかないかのようだ。おかげで屋久島に生活している人々でまだ縄文杉を見たことのない人が怒り出し、「自分たちのように歩いて見に行けない人のためにも、縄文杉までロープウェイを架けるべきだ、そうすれば、もっと多くの人が楽に縄文杉を見られる」という議論が一九八〇年代の半ばに起きた。縄文杉にロープウェイを架ける計画は日本中を巻き込んだ論争を引き起こして取り下げられたが、むかし、屋久の岳参りでも、奥岳まで登る人は限られていた。岳参りをした人は、岳の精の依り代であるシャクナゲを手折って里へ下り、各家庭に配った。

縄文杉だけを最終的な到達点とするのではなく、屋久島全体を一つの巡礼空間だと思えばいいのである。例えば四国のお遍路さんのように、足の強い、意志の強い人は自力で八十八カ所の札所をまわるが、そうでない者は近くのミニ札所まわりをしたり、知人に頼んで自分の分までまわってもらう。そうすれば、屋久島の多様な姿と魅力に気がつくであろう。

足が弱いが意志は強く、その執念で縄文杉を見た作家が、幸田文である。幸田露伴を父とするこの女性作家が縄文杉を見たのは、一九七五年の四月のことである。そのとき彼女は七〇歳であった。そのころまではまだ縄文杉は、発見当時のままの圧倒的な姿をしていたはずだ。幸田文は屋久杉ランド、ウィルソン株までは何とか自力で歩くが、それ以降はほとんどの行程を、手を引かれ、背負われて〝巡礼〟している。「杉」と題された彼女の縄文杉巡礼論（『學鐙』一九七七年二月号発表）は、木をめぐる彼女の巡礼行が始まってから二〇年を経て、一冊の美しい単行本にまとめられた。『木』（新潮社、一九九二年）というシンプルな表題のその本の装丁には、巨樹を思わせるデザインが控えめに使われていて楽しい。

幸田文は屋久杉ランドで最初の屋久杉（たぶん、紀元杉）を見る。その第一印象が実に生き生きとしている。それは根と木を分けるものは何かという問いかけに発している。普通それは土の存在によってはっきりと分けられるのであるが、屋久杉ではその境界が曖昧で、際だった力感を示しているというのだ。「土を境に立ち上がった部分は、木か根か、どちらとも受け取れる。ただ、幹というには少し違うようだ。根張りという言葉がきこえていたが、すると根である。立ち上がりともいわれているようだった。これが一番ぴたりだが、すると根、立ち上がり、木また幹なのか。若木は土際から、きれいな円形ですんなりと立ち上がる。それは過去に我慢や、忍苦を強いられたことのない、めでたい円形である。屋久の立ち上がりはすんなりとしていない。円いともいえない。誇張した脈管と引き吊れた筋とが、競り合い摑み合い、ある部分は勢いあまって盛り上がり、ある部分は逆に深くえぐれつつ、ただもう力、力の立ち上がりである」。

紀元杉でこれくらい感動するのだから、縄文杉ではもう圧倒されすぎてショックを覚える。たとえ、縄文杉の樹齢が巷間に広まった七二〇〇年でなくとも、その存在感に圧倒されない者はないだろう。「縄紋」［と記されている］に対面した幸田文は、次のように書く。

縄紋杉は、ひどくショッキングな姿をしていた。これが杉かと疑うような不格好だった。杉は丈高くまっすぐで、頂の尖った三角形、という姿が常識であり、端正というイメージがある。この通念は縄紋の前では、形なしである。太さと高さの比例も美しいとはいいかねるし、三角も崩れている。

幹全体が瘤の大波小波で埋めつくされている。その幹の上の方まで枝がないので、むきだしのまる見えだし、目に来るこぶこぶの面積は広い。その上、瘤をどぎつく見せるのは、皮肌の色なのだ。曝《さ》れてなのか、白髪のようなわけなのか、赤褐色のなかに灰白色の筋がうねっているのは、おどろおどろしくて不快だった。根は広い範囲にわたって地上を這い、のた打っている。なにより不気味なのは、ひと目見れば忽ちわかる、古さである。見た瞬間にすぐもう、直感的にこれははかり知れぬ長生きだ、と肯わされてしまうのだから、なにかは知らずあやしい。

いくらか元気を回復してから見た「縄紋」は、またさっきとは違って見えた。気分によって木の見方も違うのか。

醜怪とみえた幹の瘤も、浮き出した根張りも力であり、強さであり、華奢な美はない代り、実力のたのもしさと見る。樹皮の色がおどろおどろしく思えたのも、改めて見てみれば、手織りの織物のようで好もしい。杉皮はやや不規則な畝を刻んでいるものだが、その畝に褐色と灰色の二色が施されていれば、いわば縦しぼ織の、乱立縞かやたら縞という趣きである。この老巨杉は、姿は、武骨なのに、ずいぶん粋な着物を着ているものだ、と興深く思う。逢いがたい杉に逢いながら、一度はいとわしく見、二度目には好ましく見直すことを得て、ほっとした。縄紋はやはり一位も一位、ずば抜けた風格である。

幸田文の視線は、徹底的に観察者の眼である。何かこれまでの美意識を覆すような、グロテスクではあるが、力強く、存在感のある作品に出会ったときのような戸惑いと感動を受けた、とこの「縄紋杉」論から私は感じた。そして縄文杉のことを「縄紋杉」と捉えているのは、さすがだと思った。幸田はこのイメージを、縄文杉がまとっていると感じたその樹皮の模様から得ているが、縄文杉の脱構築にも通ずる視点である。つまり、「縄文杉」というと、歴史の時間軸にこの木を置いて理解するという傾向を免れることはできないが、「縄紋杉」というとそうではなく、この木の審美的な価値を高らかにうたいあげている。幸田は「縄紋というしゃれた着物を着ている」というイメージを語っているが、それは世俗化の嵐から縄文杉を救済する新たなイメージを喚起してくれる言葉だと思う。

『木』のなかで私が興味深く読んだ箇所がある。それは「松楠杉」と題された、四日市の樹齢数百年と見える老楠の話である。この楠は元々神社の境内木だったのが、神社が滅んで社殿が消え、ほかの植え込みも移動されて、この楠だけが残ったという歴史を生きてきた数奇な木である。海の近くの田んぼに独り立つこの木は船乗りの目標にされてきたそうだが、その風景が実にいいとある植物の専門家に話すと、「すてきだと思うのは勝手だが、なぜ一本でそこに立っているかを考えないといけない」とたしなめられたとのことである。つまりそんな所に孤立して立っているのは、その木が「良材」ではないからであって、人間の側でいえば役立たずの無価値の木であり、木の側からいうと、不運と苦難の末に得た老後の平安というわけである。縄文杉にも通じる話ではないか。

江戸時代縄文杉はその存在を知られていた。だが江戸時代に、「その木」だけを神聖視することはなかった。「その木」は屋久島の森の一員であり、「その木」が日本の歴史の証人であるとか、屋久島の森の生命力を代表するものであるという位置づけはされてこなかった。森は「御岳の神」の宿るところであり、人々は岳参り、山の神祭りなどさまざまな祭りを行なって、森、岳の神との共存を図ってきた。皆伐方式で屋久島の原生林を根こそぎ伐りまくった昭和二八年（一九五三）以降の伐採方式の手も逃れた「その木」の安楽の時に、今、この時代が、最後のとどめを刺そうとしていることを知るべきだ。

「聖老人」という元型

縄文杉への称賛を、山尾三省の「聖老人」と題する詩ほど鮮烈にうたったものはないだろう（一九七八年一一月発表『聖老人、百姓・詩人・信仰者として』野草社、一九八八年所収）。詩人としての山尾三省の名を一挙に高めたこの詩では、縄文杉が「聖老人」として呼びかけられている。

屋久島の山中に一人の聖老人が立っている
齢《よわい》 およそ七千二百年という
ごわごわしたその肌に触れると
遠く深い神聖の気が染み込んでくる
聖老人
あなたは　この地上に生を受けて以来　ただのひとことも語らず
ただの一歩も動かず　そこに立っておられた
それは苦行神シヴァの千年至福の姿にも似ていながら

苦行とも至福ともかかわりのないものとしてそこにあった
ただ　そこにあるだけであった
あなたの体には幾十本もの他の樹木が生い繁り　あなたを大地と見なしているが
あなたのごわごわとした肌に耳をつけ　せめて生命の液の流れる音を聴こうとするが
あなたはただそこにあるだけ
無言で　一切を語らない
（中略）
聖老人
あなたが黙して語らぬ故に
わたくしは　あなたの森に住む　罪知らぬ一人の百姓となって
鈴振り　あなたを讃える歌をうたう

山尾三省は、六〇年安保に破れ、トカラ列島での「部族」生活のあと、インドを「巡礼」し、その後廃村となった一湊川上流部の白川山《しらこやま》に数家族とともに住んでいる[3]（『聖老人』より）。四九行という比較的長いその詩のなかに詩人、生活者としての山尾の全思想が込められているといっても過言ではない。

おそらく、この詩によって、山尾三省という名を知り、縄文杉への憧れを抱いた人は少なくないだろう。私はこの詩が創られてから、縄文杉の年代が決して七二〇〇年に達するものではないという見解が有力になってきたことを強調して、ここでこの詩を貶めようとするものではない。少なくとも言葉に力があると認めるならば、例えば自然との共生という時代の精神を端的に示す言葉、人間に生きる勇気と清らかな感覚を示しうる言葉があるとするならば、この詩はそうした資格を十分に持ち合わせているだろう。

私が興味を持つのは、縄文杉への呼びかけとして、「聖老人」という神話的なイメージに満ちた言葉がキーワードとして使われていることだ。ユングという分析心理学者の「元型」イメージでは、老人とは知恵ある聖人としての位置づけをなされている。はるか山中に一人住み、生きるためにはほとんどエネルギーを必要としないが、経験と知恵にあふれた白髪の老人。ユングの分析心理学でいう「老人」とはこのような元型イメージを持っている。

ユングは最初フロイトの精神分析学に惹かれたが、次第にフロイトの分析に不満を抱き、離別した。両者の対立は、「無意識」というものの起源にあった。あくまでも家族のなかでの父親、母親、息子、娘という二者間関係のなかで、例えば父親と息子との相克、母親をめぐる対立、母と娘との関係などといった問題群の発見が、フロイトの精神分析の特徴であった。だがユングは、さらに「人類に共通の無意識」の発見という問題があると主張し、それを元型と呼んだ。ユングの立場では、神話、民話、説話のなかに出てくるさまざまなイメージは、遠い時代の人間の忘れた体験であった。フロイトから見ると、東洋哲学、オカルト現象、超心理学に傾斜するユングは危険と映り、ユングはフロイトの立場を「狭い」と感じ、やがて両者は決定的な決別を迎えた。

フロイトの晩年は不幸であった。それは多くの弟子が彼を離れていったということだけではなく、ナチスドイツの登場によって始まったユダヤ人への攻撃は、ユダヤ人であったフロイトの学問への評価を貶め、またフロイト自身八〇歳になる直前にウィーンからイギリスへ亡命せざるをえなかったほど、政治的にも追い詰められた。一方、ドイツ人ユングにとってヒットラーの登場は、好都合であった。ヒットラーの進める「アーリア人最優秀説」では、ユングが提唱した元型イメージがふんだんに用いられ、それが大衆動員の道具にまで使われた（小俣和一郎『精神医学とナチズム、裁かれるユング、ハイデガー』講談社現代新書、一九九七年）。

私は山尾三省をユングになぞらえようとしているのではない。だが、山尾の表現にはこうした元型イメージがかならずといっていいほど登場する。

一九七七年一湊の白子山に入った直後に山尾三省は、「川辺の夜の歌」と題する詩を創っている。一五行からなるその詩の第二節以下はこうなっている。

私の胸の内に
一人の聖者が語った言葉が　今なお残っている
神を求めて泣きなさい
神を求めて泣きなさい　そうすればお前は神を見ることが出来るだろう
その聖者の名はラーマクリシュナ

私は白く泡立つ川のほとりに住む　一人の農夫

夜になると
流れ下る川の音を聴きながら
いつになったらその川の音と魂がひとつになって
涙に溶ける日が来るだろうかと
待ち続けている

聖者、川、農夫、音、魂、こうしたイメージ群の喚起する世界を東洋哲学などで説き起こす、それが山尾三省の詩である。「コミューン」への憧れを抱きつつ、山尾が屋久島に魂の安住の地を見いだしたことを私は喜びとするが、元型イメージのあふれるその詩的メッセージは、結果として縄文杉への神話的イメージを高めてしまった。元型というイメージのなかに縄文杉を固定するのではなく、いかにそれから自由になるのかが今問われている。

宇宙樹という創造

一九九二年八月癌で死去した中上健次は、一九八九年春屋久島を訪れている。中上の文学は、彼が生まれ新宮高校卒業までそこで過ごした、和歌山県熊野の土地に深く結びついている。山が海までせり出したその地を私も二度短期間ながら旅したことがある。中上は熊野という山岳信仰の中心としてあるその土地と、被差別部落出身であるという自らの出自をいかにして越えるかという、内旋と遠心の相対立する緊張のなかに自らの文学的問題を設定した。

中上健次は人間解放の道を、はるか古代にまで遡る日本の民俗社会の中に見いだしていたことは確かで、こうした姿勢は屋久島の今後を考えるうえでもっと議論されていいだろう。屋久島は被差別部落ではなかったが、一次産業以外はこれといった産業のない離島という、日本の階層社会の最底辺を構成していた。こうした屋久島認識が根底から変わり出すのが、「自然」が流行語になってきた最近の大きな変化である。

中上健次の「屋久島縄文杉踏破」は、雑誌『アニマ』一九八九年六月号の、「森のウォッチング」の特集の一つとして掲載されているので、彼が縄文杉を訪れたのは出版社である平凡社の企画のようである。

彼の「縄文杉踏破」は、「屋久島は意識化に働きかける。屋久島の存在そのものが非現実的だ。屋久島は日本の特性である山岳性と海岸性を合わせもった島だ」と美しい文章で書き始められている。そして彼は縄文杉を「宇宙樹」として捉え、次のようにいう。

縄文杉の前では言葉を失う。いや、言葉がいちどきに沸き立ち、シンタクスが取れ、整序立たない。私は混乱したまま昏《くら》い貌を見せる杉を見つめ、言葉もないまま、節くれだち苔むした肌を撫ぜこすり、叩く。私はまた杉の昏い力に捕まれ、魔の瞬間に落ち込んだように、人の一生の短さに気づき、知恵ある人間の思い上がりを知る。近年沢山のかえがえのない人を失ったのだった。その中の最長の人の人生の時間も、七千年生きているという縄文杉には一瞬のことなのである。人は知恵がある為に様々な間違いをした。しかし縄文杉は自然の摂理のままそこにいる。降る雨を受け、漂う霧に葉を濡らしている。

中上健次がいう宇宙樹は、屋久島を彼の故郷、熊野にダブらせた結果出てきた表現であると私は思っている。近年多くの友人を失い、縄文杉を見た三年後には自らも死んでいった中上の意識に、死の影が漂っていることは否定することはできない。

もちろん中上の考える死とは終焉ではない。例えば『千年の愉楽』では、「オリュウノオバ」と呼ばれる産婆が、この世とあの世を自由に行き交う霊媒のような役割を持って登場する。新宮という城下町の材木商に使われる住民の住む「路地」（被差別部落でもある）は、喧嘩、姦淫、盗みの横行する「とんでもない」世界であるのだが、「オリュウノオバ」はその路地に生まれた者すべてを取り上げ、死んでいった者の魂を蘇らせる。

オリュウノオバはサルのように獲られて死んだ者がいても人は増えつづけ町をつくり村をつくりあふれ出してしまうと思い、若い時分から女らが孕む度に、父なし児でも誰に恥じる事も要らぬ、たとえ生まれ出てきた者が阿呆でも五体満足でなくとも暗いところに居るより明るいところがよい、あの世よりこの現し世がよい、滅びるより増える方がよいと説いてまわり産せた。（「天人五衰」『千年の愉楽』河出文庫、一九九二年）

和歌山県は明治以来多数の移民を送り出した県であった。それだけ貧しく、移民は棄民として国家に捨てられた過去を持っている。

何しろそこは反対側の国だった。反対側、オリュウノオバが居れば坊主の礼如さんがいるようにと思い、淫売がきょうだいだという事が無理からぬことに思えたし、実際、天と地、生と死、上と下、右と左を反対側のここで考えれば、ここで右だというものは向こうで左でありここで上と考える物は下の事であるとなり、すべて、地球が円いということを考えれば上だ下だと考える理由は何もない事になる。一人のひねくれ者が昼を夜だと夜を昼だと言い、そのうち光の全くない闇を、昼が夜だから昼か夜が昼だから昼だと混乱させていく以上にそこはリンネの国だった。

（同）

オリュウノオバはさらに「人間《アイヌ》」の国を漂う。

オリュウノオバは涙を流した。「達男は？」と訊くと、若い衆は、「俺は」、と言い「俺はその後路地《コタン》に火をつけられたの消すのに手いっぱいじゃ」と言い、「俺はあれと仲よかった、オバよ」とまるで達男そっくりに言う。

若い衆は達男のようにうなずく。達男のように不安な気持ちをおさえかねるように、「オバ、俺はもう何でも見て来たんじゃ」と達男の声で言う。オリュウノオバはまた涙を流した。

祥月命日をつくらぬまま中本の高貴な澱んだ血が仏の罰を一つ消したが、オリュウノオバは雷の鳴った夜、ふくろうの鳴いた夜に生れた達男らしい人生だと胸の中でつぶやいた。(「カンナカムイの翼」)

何という不思議な世界であろうか。荒々しいまでの筆の暴力と、清らかなまでの精神の透明さ。中上健次のいう「路地」とは、時間的空間的な制限を越え、どこへでも通底する性質を持ったトポスであった。それは彼の空想のなかに存在するというよりは、人間を自由にする契機であった。熊野は明治四三年(一九一〇)の大逆事件に関わる地でもあった。処刑、無期懲役を合わせて六人が新宮とその周辺の人々だった。中上は晩年、「大逆事件を正面に据えた小説を書いてみたい。事件を破れた者の視線で現代の時代にしっかりと受け止めたい」(佐藤万作子《さとうまさこ》「熊野」『週刊金曜日』一九九七年一一月七日号)、と構想していた。中上との交友の長かった評論家、柄谷行人は、「一つ一つの作品に、彼の移動、じぐざぐな試行、揺れ、跳躍がうかがわれる。彼はいつも安定した足場を自爆し、一寸先は闇の世界へ身を投じつづけてきた」(『批評とポスト・モダン』福武文庫、一九八九年)という。

こうした中上健次の想像する宇宙樹は、調和のとれた理想世を表象する静的なものでは決してない。中上の縄文杉論はやや陳腐な感想しか述べていないが、屋久島に宇宙樹を求めるならば、それは縄文杉といった個々の樹ではなく、海から二〇〇〇メートル近く盛り上がった八重岳の雄姿にこそ求められる。屋久島には古い時代から御岳信仰があった。御岳信仰は全島の山岳そのものを神として崇拝するだけではなく、山は海と通じ、海ははるか彼方のユートピアへ通じているとされていた。その意味で屋久島の全体像は、東南アジアでいう天と地をつなぐ宇宙樹にきわめて近くなってくる。

神々が真に生きていた時代には、人々の生活はしっかりと宇宙に位置づけられていた。神なき現代において、現代人は自らの歴史と存在のすべてを解釈する手がかりを、縄文杉というみすぼらしい代替物に求めざるをえなくなった。われわれは過去に戻ることはできないが、過去の人間がいかに生きてきたかを学ぶことはできる。そして近代という時代がいかに世界意識というものを失っているかを実感する。われわれにできることは、縄文杉の神話作用を否定し、持続性という観点から屋久島の全体像を回復することである。

3　カリフォルニアの巨人

もし、木の価値がその大きさで測られるのであれば、残念ながら縄文杉はそのナンバーワンではない。木の大きさという点では、カリフォルニアの巨人、レッドウッドにかなうものはない。高さが一〇〇メートルに達するものはざらにある。私が見た最大の木は、サンタ・クルツ近くのビッグ・ベイスンにある「森の父」で、高さ三七〇フィート（約一一三メートル）にも達する木だった。もし木の価値が樹齢の古さによって測られるのであっても、縄文杉七二〇〇年説は怪しいものだけに、そのナンバーワンは縄文杉ではないだろう。レッドウッドのなかにも、二〇〇〇年から三〇〇〇年に達する古さの木が存在する。アフリカのサバンナ地帯に生えるバオバブの木のなかにも、数千年生きるものが知られている。植物の時間では数千年の命というのはそう希有のことではない。

レッドウッドは恐竜の棲んでいた時代に世界的に繁栄していた木であるが、今ではカリフォルニアでしか見られなくなっている。そのカリフォルニアでも、今や人間の手による意図的な保全の努力なしには、その存在は守られないほどにまで減少してきた。レッドウッドの森を歩きながら、私は屋久杉のたどった運命を考えていた。

レッドウッドとはスギの一種で、赤い材がとれるためこの名前がつけられた。カリフォルニアには、コースト・レッドウッドとジャイアント・セコイアの二種類のレッドウッドがある。コースト・レッドウッドは、北カリフォルニアからオレゴン州の沿岸部の丘陵地帯に見られる。天をつく高さがその特徴で、良質の材がとれるため、伐採の対象となってきた。屋久島でいうと小杉といったところか。それでも巨大なものは、樹齢が二〇〇〇年から三〇〇〇年に達するものもある。しかし、日本ではジャイアント・セコイアの方が有名であろう。このジャイアント・セコイアは主にシエラ・ネバダの山中に生えているが、もともと沿岸部レッドウッドよりも数がずっと少ない。切り倒したとき割れてしまうことが多く、また、材としてあまり優良なものがとれないため、伐採を免れたものが多い。現在はほとんど国立公園、あるいは州立公園として保護されている。屋久島の屋久杉といったところか。

カリフォルニアは非常に乾燥した地帯との印象があるが、沿岸部は違う。アラスカから寒流が流れ込み、冷たい空気が内陸部の熱気と沿岸部の丘陵でぶつかるため、霧や雨となって沿岸部の丘陵に水分を供給する。このため、沿岸部は植物の繁茂には絶好の条件を揃える地帯となった。

巨大なレッドウッドの森は、もともとカリフォルニアに、一九五万エーカー（約七八九〇平方キロ、屋久島の約一六倍の広さ）あったと推定されている。ところが現在では九万三〇〇〇エーカー（約三七

レッドウッドの巨木と息子の翔（当時4歳10カ月）

六平方キロ、屋久島の面積の三分の二）しか残されていない。そのうち国立、州立公園として、八万エーカー（約三二三平方キロ）が保全され、残りの一万三〇〇〇エーカー（約五三平方キロ）は私有地である。カリフォルニア州だけで日本全体よりも大きいから、残されている面積を広いとするか狭いと考えるかは見解が分かれるが、特にカリフォルニア北部に行くと、広大な森林地帯が現われ、少なくとも公園地帯を歩く限り、よく保全されているという印象を受ける。

車社会のアメリカでは、レッドウッドの森まで車で接近できる。これは土地がなだらかなためで、その分、伐採も容易であった。レッドウッド保護地帯ではキャンプの設備も整っているが、それはかならず、保護公園の外であり、公園内部はトレッキングで回る以外は許されていない。ここには原生自然のコアとバッファーという区分は厳然と守られている（終章参照）。

レッドウッドの森は、屋久島の原生林のような濃密な森ではない。摩天楼のように空を圧する巨大な樹木が立ち並んでいるのはいかにも壮観ではあるが、屋久島の森と比べると何だか明るい。森に間隙が多いのである。トレッキング道をたどらなくとも、下生えと起伏の少ないこの森では、道をそれて歩くことができる。屋久島の森でよく遭難者が出るが、これは一歩登山道から離れると、もとの道に引き返すことが難しいためである。特に雨が降り、ガスがかかり、疲労が激しくなったときは、さまざまな幻覚に襲われ、道に迷ってしまう。ところがレッドウッドの森は、そうした怖さがない。どこまでも平坦で、どこまでも意識の枠内にしっかりとつながれている。植物の発散する気持ちよい空気が充満し、森が牙を剝くというような恐怖感はない。

一般のアメリカ人には、レッドウッドの森は、西部劇時代の郷愁を与える森である。一九世紀末からレッドウッドを運び出すため、小型蒸気機関車が登場し、大活躍した。今アメリカでは鉄道がほとんど使われていないが、ビッグ・ベイスンでも、またフォート・ブラッグでもむかしの蒸気機関車に乗って、レッドウッドめぐりを堪能できる。フォート・ブラッグの汽車は、「スカンク・トレイン」というニックネームで親しまれている。「スカンク・トレイン」とはまた絶妙な名前をつけたものだと感激したが、往復三時間のレッドウッドの森めぐりをしているとき、川沿いには巨木が見えるのだが、その向こう側の谷には、植林された若木以外は天然の木は何も生えていないことに気がつき、がっかりしたのを思い出す。「屋久島と同じじゃないか」と驚きもし、レッドウッド開発の物凄さを実感した。広大なように見えるレッドウッドの森も、残されているのはほんの小さな島状なのである。

「スカンク・トレイン」の北にある「アヴェニュー・オブ・ザ・ジャイアント（巨人通り）」は高速道と並行して細長く「巨人の森」が残されたところだが、そこを過ぎると、ある私有地内にお金を取って巨木を見せる場所がある。そこの「売り」は巨木の中を車でも通れることだ。だが、無理に空洞を広げた結果、その木は自重を支えられなくなり、ワイヤで四方から支えられてかろうじて立っているという痛々しい光景が忘れられない。展望台までつけられた縄文杉の次の運命は、倒壊寸前のその木を四方からワイヤロープで支えてしまうというようなことになってしまうのか。そこには何の感動も、自然への畏敬もない。ただむき出しの拝金主義だけが周囲を圧倒していた。

レッドウッドの開発は一九世紀半ばに遡る。ときにカリフォルニアは「ゴールドラッシュ」の時代であった。世界各地から一獲千金を求めて飢えた人間が群がった。金を求めてカリフォルニア沿岸を北上した人々の目に入ったのが、レッドウッドの巨木であった。金を求めた人のなかから、このレッドウッドの森を伐採して金に替えようとした人々が現われた。彼らは最初は斧と鋸だけで、この巨人に立ち向かっていた。ところが、鉄道を伐採現場まで敷設し、伐り出すという方式が一九世紀末から採用され出すと、おりからの伐採技術の革新も相まって、急速にレッドウッドの森は失われていった。最初はサンフランシスコ周辺から始まった伐採は、瞬く間にその周辺の森を伐り尽くして、次第に北部へと延びていった。

こうしたレッドウッドの森が急速に失われていくことに危機感を持った人々が、自然保護運動に乗り出した。「シエラ・クラブ」というアメリカ最初の自然保護団体もこのとき設立され、今でも活動している。そのシエラ・クラブの業績で特筆すべきは、ヨセミテ国立公園などの設立である。氷河によって形成された落差二〇〇〇メートルに達する深いカールと、レッドウッド、モミ、ツガなどの木々が美しい対照をなしているヨセミテは、アメリカでも最も美しい国立公園の一つである。だがヨセミテが国立公園になるとき、そこに住んでいたアメリカ・インディアンを追い出して「純粋無垢な自然」を創造したことは知られていない。最近になってヨセミテ国立公園はその過去を反省し出したのか、先住民であるミウォーク族の一支族であるアウァニチェー族の展示場を公園内に設けている。そこにはアウァニチェー族のむかしの生活を偲ばせる展示品が多数並べられており、機を織る女性も「展示」されている。だがそうした展示を見れば見るほど、リザベーションに追いやられ今なお経済的にも自立しえないアメリカ・インディアンの悲惨な過去があぶり出される。

アメリカの場合、営林署のような組織はなく、巨大な資本が市場の論理をかざして伐採をしている。カリフォルニア北部のフンボルト湾周辺はレッドウッドの森がまとまって残されている「最後の砦」

であるが、そこは巨大木材会社の私有地であって、今でも巨木の森を伐採しつづけている。会社は伐採の対象は人工的に植えた二次林であると説明しているが、そのなかに樹齢数百年以上の巨木も交じっていることは明らかである。会社の説明では、伐採跡地は一〇〇年も経つと立派な二次林が形成されるので、何の心配もいらないとのことであるが、相手が「私有地」であるだけに、伐採を止める闘いは困難をきわめている。巨木にロープで自分の体を巻きつけたり、運搬トラックの道を塞いだりして、会社のガードマンと衝突し、FBIに危険人物として徹底的にマークされる。その闘いの模様は、デイビッド・ハリスの『ザ・ラースト・スタンド（*The Last Stand*）』[最後の砦]（Times Books, 1995）に詳細に描かれている。ジョーン・バエズと一時結婚していたスタンフォード大学の元反戦活動家は、今、カリフォルニアにおけるエコロジー運動の担い手の一人として生きている。

屋久島では、明治から大正にかけての入会権を求める裁判闘争に勝利しておれば、屋久島の森は屋久島の人間のものとなり、これほど破壊されなかったと指摘されることがある。おそらく、江戸時代の入会権の性質からして各部落の共有林として登録されたことだろうが、レッドウッドの森の伐採との比較から、私は単純にそうとは思えない。国有林下戻裁判闘争は代理人が資金を援助しており、彼らは成功報酬として、屋久杉の伐採権を求めていた。だからたとえ裁判に勝っても、屋久島の森が伐採を免れたとは信じられない。カリフォルニアのレッドウッドの森の保全運動の歴史を学ぶにつけても、また屋久島での経験に即しても、「自然」はわれわれ人間の側の意図的な努力なしには、もはや存続しえないという事実を痛感する。

【注】

（1）さらに二一世紀になってからは、ウィルソン株から縄文杉に至る登山道のほとんどが木道で覆われるようになった。

（2）この杉の大きさは今でも正確には確認されていない。

（3）二〇〇一年八月、胃癌のため死去。

大川の滝とその周辺部の森

終章●「世界遺産」という怪物

世界遺産条約のリストに登録されることは、すべての加盟国が当該遺産を認識し、その価値を認めることである。

残念なことに今日、かつてなかったほど遺産が損傷され脅かされている。ボスニア・ヘルツェゴビナにおける出来事には、世界遺産委員会は国際的にも重要な遺産の破壊を即刻停止するよう呼びかけた。また世界遺産になっているクロアチアのドブロブニク旧市街地、カンボジアのアンコール遺跡、自然遺産ではクロアチアのプリトビチ国立公園、インドのマナス自然保護区、ニジェールのアイル・テレネ自然保護区などが破壊の脅威にある。

こうした問題だけでなく、一般的な地球環境の悪化、たとえば地球の温暖化、海面の上昇、酸性雨などがあり、また都市部のスプローリング現象や乱暴な観光開発がある。

屋久島は、これほど長いことその地域に人が住んだ歴史がありながら、自然がここまで保たれている。こうしたことは前例にないことであり、その点でも屋久島は、生物学的にも科学的にも、また審美的な意味からも、本当にすぐれた場所で、他に類を見ないユニークさがある。

ベルント・フォン・ドロステ「屋久島フォーラムｉｎＴｏｋｙｏ'94記念講演」

近代科学による屋久島の「自然」の評価は大正一三年（一九二四）に遡る。田代善太郎の調査をもとにして、屋久杉の原生林は国の特別天然記念物に指定された。昭和三九年（一九六四）、屋久島は霧島国立公園に含められ、霧島屋久国立公園として成立した。一九七一年には環境庁の原生自然環境保全地域にも指定された。そして一九九三年世界自然遺産に登録され、屋久島の「自然」への評価はその頂点に達したかのようだ。

だが皮肉なことに、屋久島の「自然」への評価は、屋久島の自然の危機に呼応するかのように高まっている。田代善太郎の調査による奥岳域の一部（国立公園第一種特別保護地域に相当）の特別天然記念物指定は、営林署による国有林経営時代の幕を切って落とす露払いであった。昭和三九年（一九六四）国立公園に指定されたのは、戦後の乱伐時代を迎えて山の荒廃を憂える生態学、霊長類学などの研究者からの働きかけが大きい。そして一九九〇年代に入ってからの世界遺産登録は、もっと巧妙な戦略に基づいていた。

屋久島が世界遺産に登録されたのは、登録に先だって鹿児島県が屋久島を「環境文化村」として位置づけ、ノーベル化学賞の福井謙一、元国際日本文化研究所所長の梅原猛などの著名人を集めて、猛烈に運動をした結果である。その過程で、白神と共同して世界自然遺産登録という案が浮上してきた。

財政的な理由から日本は世界遺産加盟を長く拒んでいたが、鹿児島県のこうした動きに促されてやっと加盟に動いた。屋久島、白神の登録後、京都、広島（原爆ドームも含められている）などが世界遺産に登録されたので、日本の基本姿勢を動かした鹿児島県の政策はこの点では成功したといえよう[1]。

だが、世界自然遺産屋久島では、世界自然遺産ゆえの問題が存在している。以下、その問題点を指摘してみる。

まず、屋久島は世界遺産条約の自然部門で登録されているという事実である。世界遺産には自然、文化、その複合という三つの部門がある。一九九三年一二月の総会で新たに承認された三三カ所（屋久島、白神山地、法隆寺、姫路城など）を加えて、自然部門としてグランド・キャニオン、ガラパゴス諸島など九〇カ所、文化遺産として万里の長城、インドネシアのボロブドゥールなど三〇五カ所、それに複合部門で一六カ所の計四一一カ所が当時登録されていた。

「屋久島が世界遺産に登録された」といういい方は厳密にいえば間違いである。屋久島の〝一部〟、従来の国立公園域をやや上回る、奥岳と西部林道域の一部、面積的には屋久島の約〝五分の一〟の一〇〇平方キロたらずが指定されたに過ぎない（国有林が大部分だが一部民有林も含まれている）。

このことは屋久島が自然部門として世界遺産に登録されたという根本的な問題を提起する。ユネスコの発想には、自然と文化というのは最初から截然と分けられている。それは従来ユネスコの世界遺産の自然部門に登録されている地域はほとんど、全く人の住んでいないいわば「手つかずの」自然であった。だが、オーストラリア北部の世界遺産カカドゥ国立公園内のウラン開発問題で、先住民であるアボリジニの土地に対する権利や、世界遺産そのものの保護問題が今緊急の課題となってきたのを見ても、あるいはヨセミテ国立公園のように、先住民を追い出して、「純自然の公園」を創り出して保全した過去を見ても、自然と文化を切り離して考えるということが虚構であることが明白になってきた。

鹿児島県の「環境文化村」は種々の提言を行なっているが、その基本は、屋久島を三つのゾーンに分けていることである。このゾーン化（ゾーニング）の基本は、ユネスコの原生自然保護の思想であって、コアという原生自然をバッファーという環状部が取り巻き、その外に人間の活動部があるべきだとされている。

屋久島のゾーンは基本的に、

Ⅰ　保護ゾーン（その大部分が世界遺産と重なっている）

Ⅱ　触れ合いゾーン

Ⅲ　生活文化ゾーン

の三つに分けられている。言い換えると、屋久島の空間は、純自然（コア）／近自然（バッファー）／人間活動域といった基準で分けられている。

こうしたゾーニングは、一見きわめて合理的な根拠を持っていると考えられがちだが、実際は屋久島のためにはなっていないのではないかという疑問が湧いてくる。例えば、このゾーニングでは、「麓（里）では便利な生活を楽しみましょう、自然は山にありますよ」といった考え方になる。ここまで極論する人はいないだろうが、屋久島における現実の動きを見ているとそうした危惧も納得される。事情をよく知らない人は、屋久島全体が世界遺産に指定されたと思っているが、そうした誤解は大きな観点から見ると正しい判断といえる。麓から、つまり、鹿児島県のいう生活文化ゾーンから環境保全の努力をしないと、屋久島の自然の保全は完全にはできないということである。

岳参りの時代の自然観による屋久島の空間認識と、こうしたゾーニングによる違いは歴然としてくる。むかしは、海／里／前岳／奥岳と分類はしては、海も、山も里も一体だと認識していた。ところが現在のゾーニングでは、そうした一体感は失われ、自然のなかに生きる、あるいは自然と共生する視点は全く表に出てこず、自然と人間、あるいは自然と文化は全く異なる領域に属するものとして位置づけられている。

ほかの世界自然遺産登録地と、屋久島の違いは歴然としている。屋久島は現在でも人口一万四〇〇〇人余りが住んでいる島であり、奥岳域は古くより岳参りなどの信仰の対象として崇められた地域であった。そういう意味では屋久島全体が一つの意味空間として重要であった。それなのに、奥岳域のみを切り離して保全するというのは、屋久島の伝統的な世界観からは信じられない意味空間の分割になる。

島津以来屋久島の森は経済資源として利用（あるいは略奪）されてきた。屋久島の奥岳域の原生林の伐採が始まって約四〇〇年経つが、屋久島に住む人々の自然に対する考え方も、それ以来大きく変わってきた。それは屋久島における近代、あるいは商品資本主義の浸透ということと関連するのだが、現在再び、「世界遺産」として屋久島の自然はその全体性を奪われつつある。

鹿児島県のいうゾーニングが現実の開発には何の盾にもなっていないことは、西部林道問題を見れば明らかであろう。この開発計画が世界遺産登録直前から始まっていたことは驚きだが、この区間は、国立公園第一種特別保護地域（一特）であり、原生自然保全地域、そして世界遺産指定地域でもある。こうした何重もの保全の網がかぶされている地域であるにもかかわらず、鹿児島県が企画していた道路拡幅工事開発には何の防波堤にもならなかった。この問題について屋久島全体のなかでこの区間はどう位置づけるかという視点が欠けていた。

「環境文化村」のゾーニングでは、里にある県道は、全く車のための道路としてしか位置づけられていない。そうではなくて、例えば、サイクリングロードの整備など、歩行者や自転車が安全に通行できる道を造るべきだという発想が出てきた場合、西部林道のあの区間は、最高の「公園道」と位置づけられるのである。鹿児島県は、西部林道拡幅計画を一九九七年いったん凍結し、今後どうするかを検討中だが、現在の西部林道は屋久島の環境保全のシンボルとして「公園道路としてそのまま残す」という結論を是非出して欲しい［一九九九年正式中止を決定］。

鹿児島県が西部林道の拡幅工事計画を発表して以来、西部林道をめぐる議論が活発に展開された。鹿児島県は、「地元の悲願」ということを論拠にして拡幅工事の計画を発表した。この工事に賛成した人々がよく口にするのが、「西部林道拡幅は生活道路として役立つ」ということであった。確かに西部林道は現在のままでは、自動車道路として危険な面があるのは事実である。カーブが多く、見通しが悪いので、常に徐行し、対向車に気をつけて運転をしなければならない。

鹿児島県が最終的に発表した工事法は、トンネルを二つ掘り、何本もの渓流に沿って山側に大きく入り込んだ現在の道路の海側半分を掘削し、海側崖下に高い擁壁などを築いて、平均四・五メートルの道幅に拡幅するというものであった。賛成派は、昭和四二年（一九六七）永田－栗生間二五キロの通称西部林道を建設したときに、「ブルで土砂を崖下に落とすような乱暴な工事をしたが、今では見事に自然が復活した。屋久島の自然は回復が速いから、それほどのダメージにはならない」などとよく主張していた。だがその工事では幸いなことにコンクリートで道路や崖を固めたりしなかったから自然が回復し見事な「緑のトンネル」がその後形成されたのであって、こんな大規模な工事をやったら、たとえ屋久島の自然でも、もう元には還らない。

ところが賛成派の議論では、公的には表に出てこないことが一つあった。それは「地元の悲願」というレトリックの中身の問題である。屋久島の産業は日本全体の平均よりも、土木事業に負っている部分が大きく、このことを無視して島の生活は成り立たない。もし西部林道工事が始まれば、「今後一〇年から一五年は食うに困らない」という業者の本音を私は聞いたことがある。「生活道路のために工事が必要」というのは、実は本当の推進理由ではなく、大型公共事業が認可されれば、それだけ地元の業者も潤うという経済効果から出てきた発想である。

だが、進行する過疎のなか、地元の人間がいったいどの程度西部林道を利用しているのか、またどの程度これから利用するのか、あるいは地元経済への波及効果について、少しでも冷静な資料があったのだろうか。もし純粋に生活道路としての重要性で西部林道を考えれば、夏の観光最盛期でも一日の通過車両は一〇〇台前後のこの区間に、何も巨額の費用をかけて、難工事をする必要はないといわざるをえない。

一九九六年七月一七日、一八日、屋久島を直撃した台風六号の大雨により、西部林道半山地区で土石流が発生した。高度六〇〇メートル地点で発生した土石流が、急勾配の沢をいっきに海までかけおり、沢が一本抜け落ちるという大規模な被害が生じた。この現場を見た多くの者が「自然の力の物凄さ」を感じたに違いない。最近屋久島では大きな土石流、崖崩れが続いている。一九九七年の台風一九号は長時間屋久島付近に停滞し、白谷雲水峡へ通じる道路と永田から西部林道へ通じる道路が特に大きな被害を受けた。屋久杉ランドへ通じる道路はいつも崩れており、その復旧に道をさらに拡幅し、さらに崖が崩れるという悪循環を繰り返している。いずれも台風や大雨などで地盤が緩んだ結果であるのだが、開発により崩落の危険性を常に孕んでいるというのが、現在の屋久島の「自然」の置かれた状況である。

鹿児島県は地元の悲願を理由に建設を計画したが、地元の悲願というよりは、屋久島を訪れる観光客の便利さのため、あるいは鹿児島県の有力なある観光資本のためにこの工事を計画したのだ、という指摘は地元でもよく聞かれた。現在大型バスによる観光は、屋久町だと大川《おおこう》の滝止まり、上屋久町だと永田止まりで、また引き帰さざるをえないから、西部林道が拡幅され、大型バスでも島一周ができるようになれば、観光資本にとってはこのうえなく便利になるわけで、そうした利益追求のためにこの工事は計画されたと考えてもいいだろう。

もし西部林道を大型バスも離合可能な二車線の一般道路にしてしまった場合、その地域全般での、崖崩れ、排気ガスなどによる、植生、サルなどへの悪影響のほか、屋久島全般の生活形態にも大きな影響を与えてしまうことは必至だろう。西部林道の見事な「緑のトンネル」は跡形もなく消えてしまうだろう。永田、栗生部落は単なるバスの通過点に過ぎなくなり、もっとさびれていくと予想される。そして屋久島も単なる普通の観光地になってしまうだろう。

そうではなく、世界遺産にふさわしい自然と景観を保全しつつ、同時に島に住む人々の生活も成り立ちうる方策はないものか。屋久島はその答を出すことを問われている。コンクリートで固められた護岸を、近自然工法で改修するということも一つの解決策だろう。

これに関連していえば、屋久島では真の意味での環境アセスメントが是非必要だ。鹿児島県がやっている環境調査は、県が調査し、その結果は公表せず、自分でその調査結果を評価するというやり方である。これでは客観的な評価ができるのかどうか全く疑わしい。もっともこれは別に鹿児島県だけの問題ではなく、日本の行政が抱えている矛盾でもある。これからの屋久島では、すべての開発がその開発計画案の段階で、第三者による事前のアセスメントを受け、開発の見直しや代替案の作成を含めた環境影響調査が是非必要である。現在の日本の行政が行なっている環境調査は、計画が決定してから行なわれるおざなりのもので、計画の問題点を公正に指摘することなど全く期待できない。屋久島でこうした「先進的」な環境アセスメントができれば、世界遺産効果として世界的にも高く評価されるはずだ。

このような関心からいうと、保護ゾーンをもっと増やす努力も必要だ。小杉谷は屋久島のなかでももっとも雨の多い地帯であり、広さ一六平方キロ余りの谷のため強い台風などの影響もそう受けず、巨大な屋久杉が集中している（縄文杉、ウィルソン株、大王杉など）。カリフォルニアのレッドウッドの森との比較でいえば、生物多様性という観点から見ると、屋久島の森の方がはるかに魅力的だと思うが、何といっても、保全されている面積が圧倒的に少ない。だから、今人工林が植えられている小杉谷の杉を間引いて、垂直分布に沿って雑木——サルの餌になる木であればもっといい——を植え、今後三〇〇年かけて立派な小杉にし、それを人間の手では永久に伐採しないぐらいの計画を屋久島は持つべきではないだろうか。もっと欲をいえば、奥岳全体をそうした完全な保護林域に指定し「現在は触れあいゾーンという名の開発容認域」、島津藩の伐採以前にそうであったように、「奥岳では一切の経済活動はしない」、という合意にまで進めば（あるいは戻ればか）こんなにすばらしいことはない。もしこうした森が復活できるならば、それは原生林とはいえないが、世界遺産の島にふさわしい景観ということになる。さらに屋久島の世界的な価値も高まるであろう。

次にツーリズムの問題が挙げられる。

世界遺産登録後最も心配されるのは、観光客の増加による問題である。屋久島への入島者は一九八九年に高速艇「トッピー」が就航して以来急増し、一九八八年度には一二万人強だったが、一九九五年度には二六万人強と二倍以上に増加している（『季刊生命の島』第四二号、一九九七年）。「トッピー」の親会社は鹿児島の大手観光資本であるが、この資本は宮崎、指宿、種子島、屋久島を一つのセットとして売り出し中で、「トッピー」は鹿児島を基点にしながらも、すでにこの四地点を結ぶ運航を始めている。屋久島の「足」（バス、タクシー）を握るこの資本は、屋久町尾之間に超豪華ホテルを建設し、自分の足で運んだ観光客を可能な限り取り込もうとしている。

ほかの世界遺産登録地の経験でも分かるように、これから屋久島にはこれまで以上の観光客が訪れるだろうし、勢いゴミは確実に増えていく。屋久島は一九九六年よりゼロ・エミッション計画［投入された資源を廃棄物として捨てるのではなく、リサイクルして利用するシステム］のモデル地区となり、種々のプロジェクトが始まっている。その一貫として、電気自動車が導入され、話題を集めている。

数年前アメリカで実験された「バイオ・スフィア計画」を強く意識させるこうしたプロジェクトが、現実にどのような成果を上げるかはまだ予断を許さない。少なくとも、ゴミ問題で屋久島は、高い意識があるとはいえない。

さらに、開発と環境保全の問題が指摘される。

屋久島に多くの観光客が訪れ、そのうちのかなりの部分が、縄文杉や奥岳登山に何の制限もなく登っている。縄文杉のこれ以上の荒廃を防ぐという目的で展望台がつけられたが、そのミスマッチは滑稽なほどである。また、宮之浦岳登山道は増加する登山者に踏みつけられ、そこに風雨の侵食が重なって周囲よりも一メートル以上も陥没してきている。また美しかった花之江河も、黒味岳へ至る登山道からの土砂が流れ込み荒廃が目立つ。

これは屋久杉ランドへ通じる林道が実際はさらに奥にまで延びて、多くの登山者はこの林道を車で終点まで行き、そこから登山をするようになったからである。むかしは屋久島の奥岳登山には最低二泊三日は必要であったし、登山ルートも永田から登ったり、栗生に下りたりと多様であった。ところが今ではほとんどの登山者が屋久杉ランドへ車で行き、そこから登り始めまた同じ地点に帰ってくるか、白谷雲水峡へ下りるコース（あるいはその逆）を取るので、勢い山が荒れる結果となったのである。また日数も一泊二日のスピード登山になってきている。

こうした現実を前にすると、奥岳域へは入山制限などの方策が必要な時期に来ているだろう。京都の御所とか、修学院、桂離宮などでは、見学は予約制となっている。あるいは私が体験したカリフォルニアのゾウアザラシを見るエコ・ツアーでも、ボランティアによる案内のついた完全予約制となっている。こうした制度は自分の都合のいいときに見られないという不便はあるのだが、そうした不便さと引き換えに「本物」を見せてもらえるという喜びがある。奥岳域の荒廃をこれ以上防ぎ、屋久島の「自然」について正確な知識を持ってもらうためにはボランティアによるガイド（有料）を導入する方法を検討する時期ではないだろうか。[2] 少なくとも夏場だけでもこの方式を実施すべきだろう。

一九九四年一月一七日、世界遺産登録の祝賀会である「屋久島フォーラム in Tokyo'94」が東京の京王プラザホテルで開かれた。その「屋久島フォーラム」では、本当にいやになるくらい「屋久島の自然はすばらしい、屋久島は世界の宝だ、命あふれる島だ！」という屋久島賛美の大合唱が聞こえた。四〇年前、屋久島は「資源の宝庫」だと脚光を浴びた時代があった。その結果、山は大打撃を受け、里の川、海岸はコンクリートで固められ、農道、林道が縦横に走り回っている状態だ。今、「環境」の島として新たな脚光を浴びているのを目の当たりにすると、今回の世界遺産登録が新手の開発ではないかという疑問が湧いてくる。

世界遺産に指定された地域だけは手厚く保護して、それ以外の地域はどうなってもいいとは誰もいわない。行政の側でも上屋久、屋久両町では村落部の生活廃水を環境庁の基準以上にした合併浄化槽建設を計画しているし、屋久島電工も煤燼と温廃水処理対策を遅まきながら考え始めているようだから、世界遺産効果という現象が出てきていることは事実である。

鳴り物入りで始まった鹿児島県の屋久島環境文化村構想も、宮之浦と安房に豪華な施設を造るには造ったが、肝心の中身の話がいっこうに聞こえてこない。安房にある屋久杉自然館が杉林を切り開きむき出しのコンクリート製の建物を造ってしまったという反省を受けて、環境文化村の「センター」

と「研修施設」では、環境とマッチしたランドスケープ建築を取り入れた（「島のランドスケープ手法を探る〈第二回〉」『しま』第一五九号［第四〇巻第二号］、日本離島センター、一九九四年）。その結果、宮之浦港の貯木場跡に三〇億近くの費用をかけて、鉄筋三階建ての「環境文化村中核センター」が完成した。

だが、「宮之浦商店街の活性化と結びつけたい」「木の香りのする瀟洒な建物を造ってほしい」という地元の意向は設計段階でも、施工の段階でも全く排除されてしまった。この「中核センター」の機能にはメディアによる屋久島紹介という側面が強く、どこの博物館にもあるような、大型スクリーン、あるいはコンピュータを使った説明などが目玉であるが、ここを二回訪れようという者はいないだろう。展示物の更新、展示方法の工夫など、ある種の研究機関としても位置づけないと、その魅力は失われてしまうだろう。

こうした建物だけに巨費がぽんと降りてきても、それを受注するのは鹿児島県の中核企業であって、地元経済が潤うわけでもない。またその後の計画、人材の配置が全くなおざりにされている。宮之浦と安房だけにこうした投資をしてもその後が続かなければ何にもならない。むしろ屋久島に現在生活している人材を活用して、山岳ガイド、野外観察、民俗文化など、もっと等身大の屋久島を紹介できる体制が整うはずである。現在までの環境文化村構想は、大きなハコモノだけを造って、その後の運営をあまり考慮していないという点では、「開発の時代」の公共投資とさして変わりはない。「屋久島フォーラム・ｉｎＴｏｋｙｏ'94」において、屋久島エコミュージーアムを建設することが全会一致で決議された。これはまだ構想段階であるが、環境文化村を他山の石にする必要があるだろう。それがハコモノの建設に終わるのではなく、地元の人材を育て、経済と環境の調和、自然と共生する意味など、二一世紀を貫く重要な思想的な課題が屋久島から生み出せるならば、それは歴史的なモメントとして位置づけられるだろう。

【注】

(1) 環境文化構想から世界遺産登録への内部会議の詳細については、小野寺浩「環境文化村構想とその後」澤雅彦・田川日出夫・山極寿一編『世界遺産屋久島——亜熱帯の自然と生態系』朝倉書店、二〇〇六年、第一一章を参考のこと。

(2) その後のガイド業の隆盛と問題については、補章2を参照。

補章1 環境民俗学の可能性
——屋久島の事例を中心として

ただいまご紹介にあずかりました中島と申します。今ご紹介いただきましたように、私は大学院は九大に進みましたけれども、大学は鹿児島大学でした。大学時代に探検部というサークルをやっており、そのときに当時この研究所にいらっしゃいました長沢和俊先生とは、僕らの探検部の活動でお話をうかがったり、あるいはわれわれの部報に巻頭言を書いていただいたりしてお世話になりました。ですから、当時からこの研究所についてはある程度知っていたのですが、それから三〇年近く経ってから自分がここに呼ばれて話をする機会を与えられるとは、想像もしていませんでした。果たして私がそのような任に相応しいかどうかは疑問ですが、私が昨年（一九九八年）出した『屋久島の環境民俗学——森の開発と神々の闘争』（明石書店）という本がある程度反響を呼びまして、その一環としてこの研究所でも私を呼んだということですので、その辺の事情をふまえて、今私が考えていることを少しお話しさせていただきたいと思います。

環境民俗学ということで、私が知る限り日本では大きく分けると二人、あるいは二つのグループがあると思うんです。

一つは野本寛一さんという方が挙げられます。野本寛一さんは数多くの著作を発表されています。その一つ一つを紹介することはできませんが、野本寛一さんの立場をあえて要約しますと、生態民俗学、信仰環境論、民俗の環境思想ということになるのではないでしょうか。野本寛一さんの唱えられている環境民俗学のなかで私が最も共鳴しているのは、資源管理の民俗学ということです。

例えば『共生のフォークロア』(青土社、一九九四年)のなかで、日本の風景を代表する海岸部での黒松が、どのような形で地域の住民と関わっているかを、野本さんは明らかにしています。そのなかで、唐津の虹の松原の例が非常に克明に紹介されています。それによると、この虹の松原一帯は昔は、沼地というか、潟のようなところであったそうです。それが室町時代ぐらいから本格的に植林されて、現在のような海から数百メートルの幅で、長さが五キロに及ぶ広大な黒松の防風林ができあがったということです。つまり、この松林は自然にできたのではなく、人間の植林という人工の産物であるということ。また、そういうような松林は住民の手厚い管理の下で、維持されてきたということです。この松林はいくつかの区画に分けられ、住民は自分の区画の資源しか利用できない。例えば、松葉が落ちますけれども、昔はその松の葉っぱを燃料にしていたそうですが、その燃料としての松葉を取るときも、自分の区画のものしか利用できない。あるいは五月に出る松露をどうやって取るかとか、結構複雑なルールの下に運営されていたということです。松露はお吸い物にするとおいしいそうで、考えてみても楽しくなります。海岸部の黒松というのは日本の風景になくてはならないものなんですが、その松と日本人という問題を考える際そうした松林というものが単純に防風林としてだけではなく、その地域の人々の生活あるいは信仰と密接に関わっているということを野本寛一さんが論じていまして、このような研究分野を開拓されたことは大いに参考になりました。

私が一九九八年『屋久島の環境民俗学』を書いたとき、正直に告白しますと、野本寛一さんのお仕事とか、次に述べる琵琶湖の研究グループの仕事を詳しく知りませんでした。そもそも「環境民俗学」というタイトルそのものが、出版社が付けた題でありまして、私が考えたのは副題に回った「森の開発と神々の闘争」というものでした。すると、出版社の明石書店が、それではあまりにも本を売る場合に弱いというのです。これは出版社の営業サイドからの要請で、屋久島というテーマ、それから環境という問題、さらに民俗学的なテーマを扱っている、そういうようなことで、「屋久島の環境民俗学」というタイトルに決まったわけです。ですから、環境民俗学をやるという前提でこの本を書いたわけではなかったわけです。最初は「かなり地味なタイトルだな、これで売れるのかな」と心配をしていたわけですが、蓋を開けてみれば、なかなかネーミングがいいっていうのか、おかげさまで結構売れているそうで、私も一安心しました。そういうわけでいささか泥縄的ではあるのですが、いったい環境民俗学とは何ぞやということを私自身も真剣に考えてみなければいけなくなりましので、今少しその問題を整理してみます。

琵琶湖研究グループの生活環境主義というものが、環境民俗学的な研究として、次に挙げられます。琵琶湖は多くの人にとって、京都とか大阪の水瓶として考えられています。それで、琵琶湖周辺の人々が琵琶湖というものをいかに利用しているかということが環境民俗学の課題としてあるわけです。琵琶湖は非常に汚れていて、京都とか大阪で水を飲むと非常に臭いんですね。そういうような琵琶湖の水の汚れというものが、自然科学的な観点から解明される、あるいは、それを防ぐために上水道とか下水道の整備という形で、行政と結びついた動きがあるわけです。鳥越皓之さん、あるいは嘉田由紀子さん［現滋賀県知事］という人たちのグループが考えている生活環境主義というのは、そうした自然科学でいう水の問題とか、行政の立場からの上水道、下水道の問題とは違って、琵琶湖を取り巻く多くの集落に住む人々が、琵琶湖というものをいかに生活の中で意識し、関わってきたかという観点から研究を進めてきたといえます。

こうした研究の結果、驚いたことに、彼らが水を琵琶湖から全く得ていないということが分かった。琵琶湖は周辺の集落から見ると、一番底の部分になるわけで、水を引いてくるわけじゃない。水は、琵琶湖に流れ込む川に堰を作って、それから得ていて、琵琶湖から水を引いてくるということはまずなかった。あるいは上水道を建設していく場合に、いかにコミュニティのレベルで、問題が起きてきたかについて、琵琶湖の周辺に住んでいる人たちの生活のレベルで問題を追求していく、という立場になるわけです。

このグループの中心は、鳥越皓之さんという人ですが、この人は本来社会学の人でありまして、鳥越さんの考えている環境民俗学というのは、社会学的な問題意識を背景としているわけですので、民俗学という観点から見ていくとかなり違和感を覚えられるかもしれません。それから生活環境主義という言葉自体がかなり曖昧なところがありまして、厳密な学として確立されたということではありません。けれども、彼らが構想した環境社会学という分野はすでに十分に認知されてきたのではないかと思います。私自身も民俗学の専門ではなくて文化人類学の専門なんですが、そういう意味で私のような者が民俗学という言葉を使うこと自体に反感を抱かれる方々がおられるかもしれません。しかし環境という問題は非常に深刻なわけでして、狭い専門性に閉じこもっていては何もできない。使えるデータはとことん使い、それに対してあらゆる解釈を試み、新たな展望を拓いていくことが今ぜひ必要とされていると思います。

次に屋久島の話に移ります。

この『屋久島の環境民俗学』を書く際に、一番中心的な問題は、屋久島の森というものに対する二つの異なった視線というものがあるのではないかということでした。この視線というのは、ミッシェル・フーコー的な問題です。つまり、人間がものを見る、ある行為に関心を寄せる、ということの背景にある集合的、無意識的な人間の意識の問題です。それはあまりにも日常的な意識であって、それ自身を問題にするということが稀なんですが、そうした意識／常識のあり方を徹底的に問題視することで、われわれが自明なもの、当たり前、常識として思い込んできた事柄の恣意性／政治性ということを明らかにしてくれるわけです。

屋久島の森への視線ということで問題とされるのは、世界遺産に指定された今日のような評価を屋久島の森は古い時代からされていたわけではなかったということです。そこにはさまざまな視線が交錯していたのではないか。簡単に要約すると、森というものを一つの収奪の対象と見るのか、あるいは人間も森とともにあると考えるのか、いわば生活スタイル・森への価値観の問題として考えられるのではないかといえます。一方は森とともに生きようというような視線、森の利用法、信仰、生活スタイルです。他方は森の資源というものをいわば収奪の対象として利用する。後は野となれ山となれというような形での発想ということであって、これはかなり極端ないい方かもしれないのですが、そういうようなことが、屋久島の森に対してもいえるのではないか。こうした二つの相異なる視線の葛藤として、近代から現代に至る屋久島の動きが整理できるのではないかという発想で、この本を書いたわけなんです。

その問題については一番最後に、環境民俗学の可能性ということで詳しく触れることにいたしまして、森とともに生きるという視線というか、資源の利用、信仰、生活スタイルというものが、屋久島では具体的にどういうような形で表われているかということを、二、三点お話ししたいと思います。

一つは最近一部で復活されてきた岳参りです。それから永田という部落で今も行なわれている、亀女踊りを取り上げます。私は「山と海をつなぐ円環」というテーマで岳参りの問題について取り上げていきます。屋久島を民俗学的に見ていく場合、宇宙樹という言葉が非常にぴったりするのではないかと私は思うわけです。

文化人類学の専門家として私はインドネシアを主要な研究対象としています。インドネシアの神話や儀礼を見ていくと、この宇宙樹という考え方が非常によく出てきます。ご存じの方もいらっしゃるかもしれませんが、インドネシアのジャワ島にワヤンというものがあります。日本では影絵芝居と訳されることが多いのですが、このワヤンのなかで、いろんな人形が登場するんですけれども、一番中心的なシンボルというものが、グヌンガンとか、クカヨンと呼ばれる、高さ五〇～六〇センチの人形です。ワヤンというのはこの人形に光を当てて、スクリーンに影を映すわけなんですが、グヌンガン／クカヨンはいろんな象徴として使われています。グヌンガン／クカヨンが立つ静的な世界は、この人形がうねうねと動かされることによって生気を与えられ、神々、人間、悪霊の跋扈する動的な世界が始まっていくわけです。グヌンガンというのはジャワ語で「山のようなもの」、それからクカヨンというのは「樹木のようなもの」という非常に意味の深い言葉を表わします。これらは単純に山とか木とかというものではなくて、いわばインドネシアの基層文化で考えられる宇宙を表わすシンボルではないかという気がしています。これは、私の本の『ロロ・キドゥルの箱――ジャワの性・神話・政治』(風響社、一九九三年)という本のなかで中心的に扱った問題です。

インドネシアでこういうようなことをやってきたために、屋久島についての私の物の見方もかなり規定されてきたのではないかと思います。インドネシアの神話のなかで、昔々、宇宙というのは、天と地が非常にくっついていたとされます。人間は地上に這いつくばって生活をしていた。天と地はバンヤンという日本でいうとガジュマルに一番近い木ですね、インドネシアでは普通に見られる木なんですが、そのバンヤンという非常に大きな木が地上と天を結んでいて、人間はその木に登って、地上と天界を自由に行き来していた。ところが、あるきっかけで木が切られて、天と地は離れていった。それが現在の宇宙の、人間の世界の始まりとして考えられている。こういうような神話が、インドネシアのあちこちに見られる。ワヤンのなかでは、グヌンガンとかクカヨンというものが、天と地をつなぐ宇宙樹という役割を果たしていると考えられます。

谷川健一さんの『常世論』(平凡社、一九八三年)という本がありますけれども、これは私の『屋久島の環境民俗学』を書く際にも非常に多く使わせていただいた本です。この本のなかに、日本でも宇宙樹的な考え方というのがあったことが紹介されています。『古事記』のなかに、現在の堺市富木《とのき》にあった木があまりに高く大きいので、朝日に当たったその影が淡路島までおよび、夕日に当たると影は大阪府東部の高安山を越えた、と記述されているそうです。もし詳しい人がいらっしゃいましたら後で教えていただきたいのですが、日本の神話的な世界でも、こういう度肝を抜く大きな木が昔は考えられていたわけで、こういうようなものが宇宙樹というものです。

現代の屋久島では縄文杉というものが、しばしば宇宙樹として考えられますが、これは全然違った発想です。あるいは巨樹信仰というようなものが屋久島にあって、そのために、森というものの神聖性が守られてきたんだというような考え方があると思うんです。例えば、野本寛一さんの本のなかでも、巨樹をめぐる民俗ということで、いろいろ述べられているんですが、少なくとも屋久島の例を考えていくと、屋久島には巨樹信仰というのはなかったと私は思います。屋久島の人間は、木が大きいから、例えば縄文杉が特別に大きいから、森を神聖なものとして考えていたわけではないだろう、というのが私の今の気持ちなんです。と申しますのは、こういう宇宙樹というものは、あるいは昔の『古事記』でいうような、堺市から伸びた木の影が淡路島まで届くというような巨樹というのは現実にある樹ではない。縄文杉がいかに巨大でもそんな大きな影が映るわけではないわけで、そういう途轍もなく大きな木というものは、現実には存在しない。屋久島でそういう巨樹、つまり宇宙樹的な大きさの木というものを見ていくと、実は屋久島全体が、そういう意味での宇宙樹として理解されていたのではなかったか、と私には思えます。

これは屋久島が古代以来、海上交通の要路、目印ですね、そういうふうに認識されてきたということに関連します。そのために益救《やく》神社というものが、式内社として置かれるわけです。海から屋久島を見ると近づけば近づくほど凄い山がいきなり海からそそり立って、その姿に圧倒されると思います。インドネシアの影絵で用いられるグヌンガンとかクカヨンというものが、宇宙を表わすシンボルとして捉えられていたということをお話しました。屋久島というのは水の豊富な島で、かつ、丸い島なので、どんな嵐のときも少し回ると港が求められる、あるいは水が求められる、あるいは船が故障したときにはいろんな木材が求められるという意味で、生命を与えてくれる島として昔から考えられていた。屋久島の内部にいる人間でも、島の個々の木を大きいから大事にしようとかではなくて、海に出て漁をする、あるいは遣唐使が水を求めてやって来るというような外世界との関わりのなかで屋久島の全体像についての知見を得る。そういう観点から屋久島というものを見ていくと、どうしてもインドネシア的な意味での宇宙樹というものを屋久島全体に見たいということになります。

日本の民俗信仰のなかでも、山という場所、高い所に神はいるとされます。あるいは海の彼方から神様はやって来る、これは沖縄的な意味なんですが、そういう海の彼方と高い山に宿る神というものが考えられます。屋久島の山岳はその両者を結びつけているのではないかと思います。私が屋久島で行なわれている岳参りというものに非常に興味を抱くのは、屋久島の人間は岳参りを実践することによって、海に宿る神と山に宿る神との間を常に往復していたのではないかと思われるからです。いわば彼らは宇宙樹に登っていたわけなんです。

屋久島で岳参りはなぜ起きたかということを説明する文書というものがありますが、それによると法華宗への改宗が契機であるといわれています。屋久島は中世から種子島家の支配を受けるわけで、種子島家の宗教が屋久島にも及んできます。一六世紀になってから法華宗が入ってきて、御岳が何日間も鳴動した。そのために、日増上人が屋久島の山を鎮めるために山に登ったのが最初だといわれています。

だが、この説話はおそらく、岳参りとは本来関係ないと私は思います。屋久島の岳参りを理解する参考になるのが、伊勢の朝熊山《あさまやま》で行なわれている岳参りです。このことについて、桜井徳太郎先生の著作から私は知りました（『著作集〈四〉』吉川弘文館）。この伊勢朝熊山というのは標高が五五三メートルです。屋久島に住む人間には非常に低いと思われるのですが、あの辺では伊勢、志摩の境界に立つ山だそうです。その朝熊山に、人が死んだ次の日に登るとか、あるいは四十九日に登るとか、そういう年忌、死者供養として主に登っている。しかしそれだけではなく、男女の十三参りのような人生儀礼のなかでも登るということです。桜井先生は結局次のように整理されています。昔は山というのは死霊が行くところで、非常に怖い存在であると考えられていた。古代の日本人は山に登るのではなくて、山を拝んでいた。遙拝ですね。山というものには普通の人間は一切立ち入らなかった。ところが、そういう山を恐れる気持ちを根本的に打ち破っていったのが、仏教、特に山岳仏教であったというのが桜井先生のお考えの大きなポイントなんです。

屋久島の例でも、同じようなことがいえるような気がします。昔の屋久島の人間は、シカ、サル猟の猟師を除いて、おそらく奥岳には入らなかっただろうと思います。屋久島では、前岳と奥岳というのが非常に重要な空間の認識であります。前岳と奥岳という区分は、信仰の問題だけではなくて、生産の上でも重要な区分をなしていました。少なくとも島津藩による本格的な屋久杉伐採が始まるまでは、奥岳で人々が生産活動をやったという記録はない。それは、前岳部分でとどめていた。なぜそういうことであったかというと、因果関係として、結局奥岳が怖かったということなんですね。そこは魑魅魍魎というか、屋久島に今でも残る説話・民話のなかでも、山のなかで神隠しにあったとか、山姫が出たとか、山童が出たとかですね、非常に怖い話がたくさんありますけれども、それはやはり山、奥岳が非常に怖かった時代の名残ではないかと思えるのです。そういう時代の人間は、奥岳に登らないで前岳に登って奥岳を遙拝していただろうと思います。古い時代の岳参りとはこういうものではなかったかと思います。

屋久島発祥の地として信じられている吉田という部落では今でもずっと岳参りが行なわれていますが、吉田では奥岳には行きません。吉田岳という前岳に登るだけです。そういうようなことで、これはだいたい伊勢朝熊山の岳参りと同じようなものだと思えます。

ところが、仏教が次第に屋久島に入ってきた。あるいは山岳仏教というか、修験道が屋久島にも入ってきた。修験道は鹿児島県だと金峰町の金峰山までは確実に入った。私は修験道の影響は屋久島にまで及んだと確信しています。金峰山の山伏が開聞岳を補陀落と捉えていますが、その辺まで来た山伏が、おそらく屋久島まで行ったのではないかと思っています。種子島との関係でいうと、種子島家はある時点から和歌山県の熊野との関係を強めていって、熊野信仰を受け入れますよね。小杉谷から屋久杉を下ろすのに最も有利な条件を備え、種子島を望む楠川という部落に、熊野信仰というものが入って来ています。そういうような二つのルートから、山岳信仰と海上信仰が屋久島においても非常に明確な形で結びついていく契機があったと思います。日増上人がやったことは仏教の教義とは本来関係のない修験道、あるいは山岳仏教の実践ですね。日増上人の行動によって、岳参りというものが新たな段階を迎えたと思います。すなわち、古代の岳参りに新たな意味づけを行なった、その結果、奥岳まで登っても構わないとされるようになったのではないか。

屋久島の岳参りのやり方というのは、講組型組織です。何々講という明確な形は取りませんけれども、村の青年が中心になって行なう代参講です。女性は一三歳以上はもう山が穢れるといって、昔は山に登ることは許されなかった。普通の村人に代わって、足の達者な青年を中心に年に二回山に登ったわけです。登る前に浜の真砂を採り、身を清め、そして地元の神社にお参りしてから登るわけです。

この岳参りは代参講で、しかも海で身を清めて山に登り、そして山の霊、神の霊を背負って、村に帰って来る。これは岳参りの最後に、屋久島では「サカムケ」といっているんですが、登った青年たちを部落の外れに迎えに行って、そこで簡単な酒肴をやる。それから村のなかで本格的な酒盛りをやる。宮之浦では村のなかでの酒肴を「ウチムケ」と呼んでいましたから、「サカムケ」とは「境迎え」のことです。村と山との境界で代参講に出た青年を出迎える。彼らはシャクナゲを背負って帰ってくるのが普通でしたが、そのシャクナゲは山岳霊の依り代でした。そうして村の青年たちが岳のシャクナゲを各家庭に配っていくわけです。桜井先生の説によるとこの「境迎え（サカムカエ）」「桜井先生は坂迎えと表記されていますが、境迎えの方が正確だと思います」というのが、日本の民俗社会でポピュラーであった代参講というものに、特有なものであるということです。代参講に出た者を一種の神、神を背負って来た者として歓待する。屋久島の人間はなぜ昔から山に登っていたかというと、海の神を山に上げ、山の神を里に迎える、つまり宇宙樹というものの循環のなかで山に登っていたといえるのではないかと思います。

このような考え方というのは、永田で行なわれている「亀女踊り」というものを考えていく場合にも、関係があると思います。一番から六番まである「亀女踊り」の歌詞のなかで、一番の歌詞が最も重要です。

カメ～を見～るというて
(アラ) ツマドの口　ひょんと出たら
カ～メ～は
(コラセ)
見いださ～じ　つぼっけ　ほ～たいま～くった (まっくいは～まった)
(ホラ)
カメジョなんどは　フーネンじゃ
からいもなんどは　かんとこせ～

「カメを見ようと思って、カメジョの家の妻戸まで来たが、カメは見ないまま、カメはカメでも、肥溜めのカメに落ちて、糞尿をしこたま浴びてしまった。
[囃子] (亀女の家は豊作だから) 亀女なんかは、『フーネン』(富年? 幸せ者) じゃ、からいもなんかは、食べないのだろう」

この一番では、永田のある青年がカメジョさんというベッピンさんを、いわば夜這いに行ったわけです。昔は便所が家の外にあって、肥溜めというものがありました。私は小さいころその肥溜めに落ち、ひどい目にあったことがあります。夜這いに行ってカメジョさんにちょっかいを出そうとしたら、私のように肥溜めに落ちてしまって、散々な目にあってしまった。そういうことをおかしく歌詞のなかでは描いているわけですね。ただ、歌詞のなかではそれだけなんですが、踊るときに、踊り手が、頭に竹を付けて、腰に箒を付ける。これは何かというと、ウミガメの尻尾なんです。現在の屋久島では、私なんかの小さいころに比べたら、あまりカメは上がってこないという印象を受けるんですが、それ以上にほかの地域でウミガメが上がってこなくなって、屋久島が日本でウミガメ、特にアカウミガメ上陸の一番多いところなんです。これは、私の後輩である大牟田一美君というのが、永田ウミガメ保存会の中心的なメンバーをやっていまして、彼の長年の研究があります。私の出身である宮之浦でも昔はカメが上がってきていて、僕もそれを見に行ってたわけです。それほどウミガメというのは屋久島の人間にとっては普通の存在でありました。

永田の人でも、この亀女踊りというのは夜這いに失敗した青年の話であって、ウミガメとは関係ないとよくいいますが、そんなことはありません。踊りのなかでも、ウミガメの産卵だというシーンがあります。明らかにこれはウミガメを女性にみなしています。亀女踊りというものは、ウミガメと女性の性、男女あるいは若者の性と生殖を、非常にストレートに表現している民俗芸能ではないかと思います。これも谷川健一さんの『常世論』からの影響が大きいんですけれども、ウミガメというのは日本の神話のなかでも竜宮の使者として位置づけられている。竜宮というのは日本の常世という観念のかなり零落した姿だということを谷川さんはいっていますけれども、鹿児島県でも竜宮というか、そういう信仰は非常に広く見られると思います。屋久島のなかでは、はっきりと竜宮というものを意識した説話というのはなくて、下野敏見先生の『屋久島の民話』（未來社）を参考にすると、屋久島におけるある種の竜宮説話というものが、紹介されています。しかし、それを読んでもそんなに「亀女踊り」を説明できるような説話とは認められないと思います。むしろ、宮本常一先生の『屋久島民俗誌』（未來社、一九七四年）のなかで紹介されている話がおもしろい。首に棒切れを巻きつけたウミガメを救助してあげた栗生の漁師がその後数年は豊漁に恵まれたということがあったそうですが、これなんかは竜宮説話の一つとして考えてもいいでしょう。

常世という信仰が屋久島になかったということはいえない。むしろ私なんかが小さいとき、昭和四〇年代初頭ぐらいまでなんですが、宮之浦とか、一湊とか、屋久島の北の方ではお墓の霊屋に先島丸という船の絵を描いていました。私も、私の父親が死んだときに霊屋に先島丸を描いた記憶がありますけれども、最近は描かなくなった。というのは、これは土葬をやらなくなったので霊屋を作らなくなったからです。次第に屋久島の人間も先島丸というものの意味だけではなく、存在そのものもだんだん忘れてきています。この先島丸の問題は、谷川健一さんの『常世論』のなかでも紹介されています。谷川さんは、「常世というものを、おそらく知らなかったであろう人々が、直感的に魂の行方について、こういう絵画的な象徴で、常世についての考え方を示したんだ」といっています。屋久島の人間で、先島丸はいったいどこに行くのかについてあまり要領のいい返事をできる人はいないんです。ただ、もう亡くなった永里岡《ながさとおか》さんという人がいらっしゃいましたけれども、在野の学者として非常に貴重な研究をなさった人です。この永先生とお話をしているときに、「長崎県のある地方にミラクという地名があって、先島丸はそこに行くんだ」ということをうかがいました。ミラクというのは、五島の福江島にある三井楽だということが『常世論』のなかに書かれています。このミイラクというのが日本の中世において常世と現世の境にある島である、あるいは沖縄のニライカナイとミミラク（中世の発音ではこうなる）というのは、押韻上似ているそうなんですけれども、そういう意味で関係があると述べています。永先生はこのとき、国分直一先生の著作のなかから、こういうことがいえるのだということを私に教えてくれたんですが、私はまだ、国分先生の著作と屋久島の先島丸信仰の関連性について、確認できないでいます。

屋久島で死者がどこに行くのか、あるいは死者をどうやって葬るかという問題と関連づけていくと、結局、ウミガメというものを、常世からの使者というふうに屋久島でも見なしていたんだと思います。ウミガメをめぐる信仰でも、霊屋とそれから産屋、あるいは産小屋をめぐる習俗ということで、いろんな文献がありますけれども、谷川健一さんが注目していることが、敦賀地方の日本海に面する一帯についい最近まで残っていた産小屋です。そこでは海の砂浜に産小屋を作る、あるいは浜の砂を産土として敷いていた。ウブスナというのは、今では「産土」と書いてウブスナと読みますけれども、語源的には文字通り浜の砂、つまり「産砂」ということで、意味があったのではないかということをいっております。屋久島の亀女踊りの場合でも、容器の甕を真ん中に置いて、足を後ろに蹴り上げながらその回りをぐるぐると回るシーンがあります。それはウミガメの産卵だということを、亀女踊り保存会の中心メンバーだった人が教えてくれました。彼のお父さんは、「そんなことはない」といってその見解には否定的でしたけれども。屋久島で産小屋とかの記録があるかどうか分かりませんが、種子島とかあるいはトカラでは産小屋がつい最近まであったという報告がありますから、屋久島でもあったということは予測されます。ですから「亀女踊り」は生と死の循環を象徴的に描いているのだと私は思います。

岳参りは垂直方向に山を登るという形で山と海との循環というものを実現するというものであれば、亀女踊りは現世と常世・他界との往来を描いているのではないか。そこに描かれた常世というのは人間の生殖に関わるという意味で、死と生の問題を水平方向での動きとして表わしているのではないかという気がします。

『屋久島の環境民俗学』のなかで私が一番問題にしたのは、私自身がなぜ屋久島の問題と関わるのかということに関連してくるのですが、現在の屋久島で進められていくさまざまな開発をめぐる動きに対するオルタナティブを提示するにはどうしたらいいのかということでした。開発というものに対する違った可能性というものをどうやって示すことができるのか。これは私自身の非常に切実な関心であって、その論拠のために、それへの理論的な解答を得るために、民俗学的なテーマが私に浮上してきたのです。

屋久島は一九九八年一二月八日に世界遺産登録五周年を迎えました。私の本もそのタイミングとの関係上注目を浴びたのでしょう。ご承知の通り、屋久島が世界遺産に登録されるきっかけになったのが、屋久島が鹿児島県の環境文化村に指定されたことです。鹿児島県の環境文化村の中心になるのが、屋久島の自然のゾーニングというものです。鹿児島県のゾーニングでは、屋久島の自然というものを三つに分割したわけですね。一つが保護ゾーンと呼ばれる、奥岳を中心とし、それから西部林道の一部を取り込んだ領域で、これは従来の国立公園とか、あるいは原生自然保全地域とかというような、さまざまな屋久島にかけられた保全の網の目を追認したものです。鹿児島県はそれ以外に触れ合いゾーンを認め、コア（保護ゾーン）と人間活動域との中間（バッファー）ゾーンとして位置づけた。それから人間活動域。これは生活文化ゾーンと呼ばれています。鹿児島県の環境文化村では屋久島の空間をこのような三つのゾーンに分けて、屋久島の利用というか保全というものができると考えています。世界遺産もこの鹿児島県の三つのゾーニングというものを基本的に受け継いでいます（世界遺産のなかでは触れ合いゾーンというのはありませんが）。

ところがこうしたゾーニングは、屋久島のためにはなっていないというのが私の持論です。朝日新聞の一九九八年一二月六日の記事にもありますように、開発の免罪符にされていますね。今はちょっと違うんですが、例えば生活文化ゾーンで自然保護とかという動きはほとんどない。むしろ、ここは生活文化ゾーンだから、何をしても構わないというような、鹿児島県が当初考えたようなものとは全く違ったものとして受け入れられているという気がします。なぜこういうような矛盾が生じてくるのかということになるわけですが、結局、世界遺産という考え方はいわば近代科学的な発想である。あるいは現実に屋久島に住んでいる人間の生活体験というものを全く生かしていないことにその原因が挙げられるのではないかと思います。屋久島の自然というものを三つのゾーンに分割して、それで自然保護というものができるのか。私はできないと思います。

では、どこがどうおかしいのかということで私が論拠にしたのが、結局岳参りであるとか、あるいは亀女踊りとか、近代化の過程のなかで非合理的なものとして捨てられていった民俗慣行です。特に宮之浦あたりで人口流出が大きくなってきて、青年団活動が下火になってくることで、岳参りは廃れていった。宮本常一先生の『屋久島民俗誌』のなかで、屋久島の祭りのほとんどが、青年団が関わっていると指摘されています。そういう祭りの中核を占めた青年団がいなくなると、昭和三〇年代の半ばまでは非常に活発であった村の祭というものが、下火になっていく。そういうような時代に行なわれていた精神というか原理を考えていくと、結局近代的な科学の前提とする自然観では、少なくとも屋久島の抱えている問題は解決できないと私には思われてきた。ただ同時にこれはかならずしも、そういう踊りを復活する、あるいは岳参りを復活すれば問題が解決するのだと私がいっているのではないということも、改めてここで強調しなければなりません。

開発のオルタナティブとしてよくいわれることに、持続的な経済、持続的な社会ということが挙げられます。実際に私がこの本を書いていく前提として、少なくとも島津藩が屋久杉の伐採をするようになる以前は、屋久島では持続的な経済というものが維持されていた、と私自身も仮定しています。持続的な経済とは山の資源、海の資源、いろんな資源を取り尽くさないで、資源が自然のレベルで循環できる範囲のなかで人間の生活を営むべきだという考え方だとするならば、島津藩が屋久杉伐採というものを屋久島に導入してくる以前は持続的な経済はあっただろうと思います。江戸時代から始まった奥岳域での伐採は、大面積皆伐法という昭和三二〜三三年（一九五七〜五八）ぐらいから十数年間、山肌をなめるような形ですべての木をチェンソーで伐採し尽くしていく乱暴な方法で続けられました。昭和二〇年代末までは、いくつかの技術革新がなされてきたのですが、基本的には鉈と鋸による伐採でした。こうした技術による限界によって、森の持続性が図らずも維持されてきたという側面があります。島津藩でも、営林署でも、大面積皆伐法が始まるまでは、森の持続性を結果的に図るような形で森の利用をやってきた。では、その持続的な経済というものをどのような形で捉えていくのか。

そこで最初にご紹介した野本寛一さんの資源管理の民俗学というものが、非常に重要なことになってくるんです。屋久島においていかなる形で山の利用がなされていたのか、あるいは海の利用がなされていたのか、ということで、今そういうような資源管理という観点から屋久島の問題を考え直そうというつもりでいます。屋久杉の問題でいうと、明治の地租改正によって屋久島の山は官有林にほとんどが編入されてしまったわけです。その処置をめぐって屋久島で大きな裁判がありました。その裁判は明治三七年（一九〇四）から始まって、大正九年（一九二〇）まで続いた非常に長い裁判でした。屋久島の人間は、山というものを各村落が伝統的に所有してきた、国に所有権はない、だから地租改正で官有林とされた部分を下げ戻すよう争ったわけです。しかし、昔は農民に認められた入会権を明治政府は否定して、国庫の財源であると考えるようになったことで官有化されたわけです。

この入会権をめぐる大きな動きは、法社会学などで精密な分析があるんですが、屋久島が負けたというよりも国の施策が大きく転換したためであると解釈されます。こと屋久島に関してはこの裁判の記録が見つからない。山本秀雄先生という屋久島の文献資料を集めていることでは右に出る人はいない郷土史家がいますが、その山本秀雄さんの話でも、この裁判資料がどこかに紛失して見つからないということで、かえすがえすも残念なことです。完全になくなったということでもないので、いつの日かそういう裁判資料が一部でも見つかることを期待しているんです。そういう資料が見つかると、当時の屋久島の人間が、例えば山にどのように入っていたのか。あれは村持ちですから、屋久島の村のなかでほかの部落との境界をどう考えていたのかとかが明らかにされるのではないか。現在の古老といっても、生まれたのがせいぜい明治の末ぐらいですから、江戸時代にまで遡るということはどの程度まで可能かどうか、非常に疑問に思うんですが、何とかその辺から屋久島における持続的な経済のあり方というものを解明したいなという希望を持っています。

この持続的な経済ということで東南アジア研究のなかで私が今、気にしている問題を紹介します。東南アジアでは一九六〇年代以降、「緑の革命」というものが盛んになってきました。これは、稲の高収量品種のことです。この緑の革命によって、収穫量が三倍も四倍も増えていった。この緑の革命を今まで伝統に縛られて、近代化ということもほとんど知らないと思われていた農民が、非常にあっさりとその趣旨を理解して、高収量品種米を植えつけるようになっていった。今までお金儲けとか合理化とか近代化とかに全く無知と思われていた農民が、なぜいともあっさりとそういうことを受け入れるようになったのか。あるいはそもそも農民というのは、伝統に縛られた生活をするのではなくて、もっと狡賢く、チャンスさえあれば人を出し抜いてお金儲けもするんだという、そういう意味では、現代人と全く変わらないのではないかというような、農民像をめぐる論争（モラル・エコノミー論争）が今でも続いています。

これとの関連で興味深いのは、天保一四年といいますから一八四三年、江戸末期ですね、この年に

「山稼ぎ奨励書」というのが屋久島に出されました。それによると、「近ごろ屋久島の人間は山稼ぎをしない、山稼ぎをしないから、平木の生産が追いつかない」というようなことを、藩が言うわけなんですよ。なぜ山稼ぎをしなくなったかというと、ほかに鰹漁とか飛魚漁で儲かる仕事が出てきたので、山に入ってしんどい仕事をするよりも、飛魚とか鰹とかを捕って年貢に替えた方が手っ取り早いということになったわけです。ところがそれよりも一二〇年ほど早い、享保一三年、一七二八年のことですが、当時島津藩がまとめた『屋久島規模帳』では、「島民による山稼ぎがすさまじく、これでは資源保護のため本土へ住民を移送しないとならない」などと心配されています。江戸時代を通して屋久島の健康な一五歳から六〇歳までの男子は、毎年ある量の平木を生産しなければならなかったわけです。彼らの生活を薩摩藩が徹底的に締めつけて平木の生産をやらせているようであっても、屋久島に住む人間は意外としたたかに、どっちが儲かるかというようなことを計算していたことがよく分かります。屋久島はお米があまり取れないので、山で稼ぐほうがいいのか、海で漁稼ぎをするほうが儲かるんだったらそっちの方に行って、年貢を払うというようなことをやっています。あまり単純に昔の人間は伝統的な生活スタイルに従属し、自然を大事にしていたというような前提で、昔の人間を見ない方がいいと思います。

開発というものを人々が意外とあっさり受け入れるのは、その辺のことと関連してくるのかなという気がします。開発に対するオルタナティブの提示というのはそういう意味では非常に難しい問題であると思います。少なくとも私自身に対する戒めとして、民俗社会の環境思想ということを求める際つい陥りがちな落とし穴をこの問題は指摘しています。その辺の問題をさらに検討していくことが、私が考える環境民俗学というものの、大きな骨子であります。

＊「環境民俗学の可能性――屋久島の事例を中心として」『南日本文化』第三三号、鹿児島短期大学付属南日本文化研究所、二〇〇〇年一〇月、四一～五一頁。本稿の元になったのは、鹿児島短期大学南日本文化研究所で一九九九年二月二七日に行なった中島の講演である。講演のテープ起こし原稿に加筆修正を加えて、本稿は成立した。

補章2 ガイドという職業の誕生[1]
――世界遺産登録後の屋久島における暮らしと観光

1 世界遺産登録後の屋久島の状況

人口の微増

一九九三年一二月、屋久島は日本で最初の世界遺産（自然部門）に登録された。世界遺産登録から、約一五年。屋久島をめぐる状況は大きく変わった。

まず、屋久島という名前が日本中で認知され、高度経済成長下の日本の地方、離島において進行した過疎化に、屋久島では歯止めがかかった。屋久島の人口は高度経済成長直後の昭和三五年（一九六〇）の二万四〇一〇人をピークにして下がりつづけ、一九九四年に過去最低の一万三四五五人を記録した。しかし、その後は微増に転じ、二〇〇三年には一万三七九〇人に達し、今後もその傾向が続くと思われる[2]。

人口増加の主要な要因は、屋久島への移住者の増加と、若年層が島での生活を選ぶという傾向が増えたためである。移住者は二類型に分かれる。一つは定年退職後第二の人生を屋久島で過ごすために、比較的裕福な資金を持って移住してくる移住者と、ほかは、屋久島の自然に憧れて、生活のあてもなく住みつき、アルバイトでその日の暮らしをする若者層である。本章の主題であるガイドという新しい職業を選ぶ人々は、こうして移住してきた若者層が多い。

移住者の増加は、島の内部で旧住民との生活感覚の違いからトラブルを引き起こすことが少なくない。また、都会の基準からすると「安い」島の土地を高値で買う傾向があって、その結果土地価格の上昇をもたらし、島の住民が条件のよい土地を買えなくなるなど、かならずしも島の住民には歓迎されていない。

これに対して、若年層が島にとどまる傾向が強くなってきたことは、プラスと考えていいだろう。若年層が島にとどまる原因の一つに、長期にわたる日本経済の低迷で、島の外で十分な就労の機会が得られないことが挙げられる。しかし、彼らが屋久島という名前に誇りを感じ、そこでの生活に自信を持ち出したことも特筆していいだろう。過去の屋久島出身者が、島出身であることに引け目を感じていた時代があったことからすると、世界遺産登録によってこうした劣等感を払拭することができたのは、大きな貢献であろう。

観光客の増加

しかしながら、世界遺産登録はいい結果だけをもたらしてはいない。世界遺産登録直後の一九九四年に、鹿児島県は西部林道域の県道の拡幅工事計画を発表し、その後二〇〇一年計画が白紙撤回されるまで、屋久島内外で大きな論争を巻き起こした。(3) この論争は、「世界遺産指定地における開発と環境の調和」という問題に大きな影響を残した。その後、あからさまな開発志向は屋久島では影を潜めてきたが、観光（開発）という問題は、屋久島の環境と生活に無視しえぬ影響を及ぼし始めている。

観光客はこの数年間、年間の入り込み数が三〇万人以上で推移している。屋久島への観光客数は、高速艇「トッピー」が就航した一九八九年を境に急増した。世界遺産登録前の一九八八年に一二万人だった数字が、一九九二年に二〇万人を超え、一九九八年には三〇万人を突破し、その後毎年三〇万人以上の入り込み数になっている。[4] こうした観光客の増加の背景として、世界遺産登録後の屋久島のイメージアップが大きな原因となっていることは間違いない。

観光客はゴールデンウィークとお盆の時期に集中し、また縄文杉、白谷雲水峡、屋久島ランド、日帰りあるいは一泊二日の奥岳登山といったポイントに集中している。この数年ゴールデンウィークの四日目から一日当たりの登山者の数が四〇〇〜五〇〇人を超え、二〇〇六年には八〜九日目に九〇〇人近い登山者に達し、過去最高を記録した。この日縄文杉登山を案内したガイドさんは、「登山者が数珠つながりにつながっていた。一人、二人追い越しても、前のグループがいるので、縄文杉を見るのは順番待ちであった。木道のない部分の木の根が浮き上がっているのが気になった」と語っていた。二〇〇六年も同じ傾向であったが、ピークの山が七〇〇人超であった。[5]

宮崎駿監督の「もののけ姫」（一九九七年）が屋久島の照葉樹林をモデルとして製作されたことはあまりにも有名である。宮崎監督は「もののけ姫」製作以前にも屋久島を何度か訪れていて、自身の作品で森のイメージを描く際屋久島からのインスピレーションをしばしば使っている。しかし、公開初年度五〇万人以上の観客を集めたこの作品の成功で、「もののけ姫」の舞台設定のモデルとなった白谷雲水峡は、「もののけの森」として有名になり、今では縄文杉に次ぐ、屋久島第二位の観光スポットになった。[6]

また、NHK連続ドラマ「まんてん」(二〇〇二年放映)の舞台に屋久島がなったほか、屋久島の森をイメージした映画、広告はその後急増している。こうした中央マスコミの表舞台で屋久島が取り上げられる回数が増えるにつれて、屋久島への観光客は目に見えて増え、しかも弱年齢化してきた。[7]最近ではテレビのキー局の朝七時台の番組で、若い女性リポーターによる屋久島からの生中継があったりして、古い過疎の時代の屋久島を知る世代の度肝を抜く事態となってきている。

二万五一五六人に実施した「行ってみたい国内の世界遺産」アンケートによると、一位屋久島五六・七パーセント、二位知床三二・九パーセント、三位琉球二四・八パーセント、四位京都一九・七パーセントとなっている。このホームページには、「屋久島はまだ未体験。憧れますよね」というコメントが添えられている。[8]

こうした観光客の増加に伴い、ホテル・民宿の数が目に見えて増えてきた。世界遺産登録後、屋久島での宿泊施設の数は約二倍に増えた。屋久島で発行されているコミュニティ誌の『季刊生命の島』[9]第三二号(一九九四年)に掲載されている「屋久島・口永良部島《くちのえらぶじま》宿泊施設一覧」では、総数六六軒の宿泊施設(ホテル、旅館、民宿、ペンションなど)が紹介されている。その六六軒のうち、世界遺産登録後開業した宿泊施設が五~六軒はある。ところが、同誌の第七四号(二〇〇六年)では、九〇軒の宿泊施設が紹介されている。屋久島観光協会長の柴鐵生氏は、「民宿の数が一〇〇軒を超えた」と発言している。[10]

この宿泊施設の増加には、二つの傾向が見られる。一つは、岩崎ホテル、ホテルあかつき屋久島、

JRホテル屋久島などのような、大資本の資本参加で経営される豪華ホテルの増加である。岩崎ホテルは鹿児島県を代表する観光資本の経営で、「トッピー」などの屋久島への足を持っているほか、屋久島内部におけるバス、タクシー部門を持っている。こうした豪華ホテルは、当然値段が高いが、経済的にゆとりのある中高年層には人気があるようだ。

第二の傾向は、地元の住民による民宿経営の増加である。この手の民宿のグレードはそれこそ「ピンからキリ」まである。経営者のセンスを生かした木造の瀟洒なコテージ風のものから、一軒家の内部をベニヤ板で仕切っただけの粗悪なものまで多種多様である。

民宿の増加はさらに別の特徴を示している。それは、特に宮之浦、安房といった飲食店が集中している地区[11]では、朝夜二食出す「まかない型」の民宿ではなく、「素泊まり型」の民宿が急増し、価格破壊が起きていることである。[12]「素泊まり型」では食事を出す手間とコックがいらないため、手軽に民宿を始められる。

観光客が増えてくると、縄文杉などへの登山のほか、奥岳への無理・無謀な登山客が増えてきた。その結果、事故も急増するようになった。屋久島山岳登山のパイオニア太田五男氏によると、昭和三一年（一九五六）～平成三年（一九九一）までの屋久島での遭難事故は五〇件で、そのうち死亡者が八人、行方不明者が六人である。ところが、世界遺産に登録された直後から事故が多発するようになった。一九九二年の統計はないが、一九九四年から一九九九年までのわずか六年間に六五件の事故が発生し、死亡者が一一人、行方不明者が一二人という急増ぶりである。太田氏によると、屋久島での山岳遭難の原因は、①失道による遭難、②冬期疲労凍死、③増水により流される、④転倒による怪我が挙げられる[13]。

冬期の屋久島奥岳部は積雪が数メートルに達することもあるのだが、「南の島だからたいしたことはないだろう」という甘い思い込みで安易な登山をすることが多く、それが事故の増加につながっている、と太田氏は指摘している。

観光客の増加と事故の急増という現象が相乗して、屋久島におけるガイドへの需要が急増した。もともと屋久島にはガイドという職業は存在していなかった。奥岳登山の道案内、あるいはポーター的な人がいなかったわけではないが、それで生業を立てられるようなものではなかった。しかし、最近では、二〇〇人余りの人が何らかの形で「ガイド」業に従事している[14]。なかには三〇〇人くらいと推計する人もいる。人口一万四〇〇〇人の島の人口のうち、一・五パーセントから二パーセント余りの者が「ガイド」という仕事に就いているわけで、これは尋常な数字ではない。

なぜこんなにガイドの数が増えたのであろうか。そして、そこにはどんな問題があり、何が解決されなければならないのだろうか。

2　町認定ガイド構想の挫折

ガイド業の発生

屋久島のなかにガイドという職業が生まれたのは、世界遺産登録の直前のことである。このころは、大型バスで屋久島の主要ポイントを回るマス・ツアーの全盛時代であった。それは、大川《おおこ》の滝、千尋(せんぴろ)の滝をバスで回り、自然休養林の屋久杉ランド（標高八〇〇〜一〇〇〇メートル）を三〇分ほど歩き、バスで行ける紀元杉（樹齢三〇〇〇年）では記念撮影をするだけといった、京都、奈良の観光地をめぐるツアーと変わらない駆け足ツアーであった。

だが、こうしたマス・ツアー型の旅行に満足できない旅行者が屋久島にも出てきた。植物、動物、昆虫など屋久島の生態学的な特徴を専門家の説明を聞きながら歩くことや、ダイビングやカヤッキングなど、本格的な登山をしなくても、あるいはできなくても、屋久島の旅を満喫できる。そうしたコンセプトの下に、ガイド業は始まった。当時大型バスでは行けなかった白谷雲水峡（標高七〇〇～九〇〇メートル）の魅力が急速に評価され出したのはこのころである。また、大型バスでは通行できない西部林道域の魅力が強調されるようになったのも、このころである。

ガイドの需要を後押ししたのが、前述した世界遺産登録後の事故の増加である。比較的安全だと思われる縄文杉登山でも、往復八時間以上の山歩きが必要なため、意外な事故が起きている。あるガイドさんの話では、「過呼吸、高血圧、太りすぎのため倒れるケースがある」という。

こうした事故は、ツアー前の自己の健康状態を偽った参加者の自己責任である場合が多いが、ガイドが付いていても事故が起きた。また、ガイドの数が増えるにつれ、ガイドの質が低下してくるのは避けられない。事故発生の際の応急処置法も知らず、単純に山に詳しい、あるいは数回縄文杉に登ったという程度でガイドになれる、という状況になってしまった。平均的な屋久島ガイドは、一年間に延べ五〇〇人の客を案内している。四月から一〇月までが繁忙期で、一年の大半の客がこの時期に集中している。ガイドの料金も各ガイド・業者によってまちまちで、なかにはガイドという名に値しない行動をする者も出てきた(15)。

それでは、ガイドとはいったい何を案内するのか、その専門性はいったい何か、どうした奉仕に対してお金を請求できるのか、といった根本的な問題を避けて通れなくなった。

二〇〇六年四月三〇日、縄文杉登山の途中で、木道で足を滑らせて死亡した事故があった。このグループは二〇人という非常に数の多い中高年登山であり、島外のガイド一名と添乗員二名がいたが、全員の状況をガイドが把握できる状態ではなかった。また事故の起きた現場が手すりのない木道部分で、以前から事故の可能性が指摘されていた場所であったことも重要である。しかしこのグループは、前日、日帰りで宮之浦岳往復をするというハードな日程を組んでいて、連日ハードなスケジュールをこなさざるをえなかったという無謀なものだった。

こうした事故は事情の分からない島外ガイドと旅行社の責任で、地元のガイドはそうしたへまはしない、ということができるだろうか。一人のガイドで数多くの人数を連れて行く場合(16)、参加者の間で当然体力差があり、グループがばらけるし、場合によってはそれ以上動けなくなる参加者が出てくる。そうした場合、ガイドはどうすべきなのか。「その場で待っているように」という指示を出す場合もあれば、「一人で帰れ」と突き放す場合もあった。『朝日新聞』一九九九年一一月一五日は、「事故に不手際！、料金高い！、屋久島ガイドに苦情相次ぐ」という記事を載せている。

町認定ガイド構想の挫折

こうした状況を受けて、一九九八年、上屋久町（柴八代志町長）は、二〇〇〇年に予定されている世界自然遺産会議の前に、屋久島ガイドの公認制の方針を打ち出した。当時すでに、四〇人余りの者がガイドとして働いていた。柴町長の方針を受け、日本山岳連盟の公認登録ガイドの資格を持つ太田五男氏を中心に、屋久島ガイドの基本方針が打ち出された。その方針は、「世界遺産登録後観光客の増加で〝にわか〟ガイドが増え、質が低下し、さまざまな問題が発生しているので、屋久島ガイドの資質を向上させる組織化が必要である。緊急技術などが一定のレベルに達した者だけを町が認定する」というものであった。こうした方針の下に、太田氏の指導の下、事故を想定した山岳救助訓練が二回行なわれた。

当時、太田氏も福岡での仕事を退職し、屋久島に移住し、ガイドの仕事をする会社を経営していたが、自分よりも若いが、ガイド業としては早い時期から営業をしていたベテランたちに声をかけ、自分に協力するよう呼びかけた。だが上屋久町の構想する屋久島ガイドは、こうした人々の賛成を得ることができなかった。反対派は、「屋久島の自然は多様なのに、山岳ガイドだけを基準にしたガイド認定制度に反対」し、「屋久島ガイド連絡協議会」（松本毅会長、以下四〇人）を結成した[17]。

この町認定ガイド構想をほぼ完全に実現した試みが、北海道でなされた。道は二〇〇二年、「アウトドアガイド資格制度」を発足させ、①山岳、②自然、③カヌー・ラフティング、④トレイルライディング、⑤乗馬、の五分野で資格認定制度を発足させた。二〇〇五年までには、延べ四五五人が資格を取得したが、問題も出てきた。

まず、資格をとっても、あまりメリットがないということが指摘された。個々のガイドが営業をする際、道認定のガイドという資格があまり評価されない、ということが挙げられる。資格を持っていても、お客の前でその事実を積極的に明示しない認定ガイドが多数いた。逆に利用する側から見ると、あまりにもガイドの数が多すぎて、一体どのガイドを選んだらいいか分からない、という不満も聞かれた。さらに、道の財政危機がこの制度の行方に暗雲を投げかけている。道は制度の運営をしている道アウトドア協会への補助を打ち切り、資格検定試験の委託費もさらに圧縮する方針で、この制度の運用が危機に陥っている[18]。

　行政が主体となった屋久島ガイド構想は、ガイド内部の意見一致が見られずに挫折した。仮に町認定ガイド構想が実現していたとしても、それがうまくいったかどうかは分からない。ただガイドの問題に一石を投じたことは事実である。

　そうしたなか、屋久島でのガイド業を震憾させる事件が起きた。二〇〇四年五月、鯛《たい》の川《こ》上流部の沢登りで客四人を案内していた熊本県のガイドS氏（日本山岳連盟認定ガイド）が、客三人を死亡させるという大事故を引き起こした。一行は五月二日から遡行を始めたが、雨脚が強まり、五月三日遡行を止め、下降に変更した。しかし、川を渡っている途中で客全員が流され、三人が死亡、一人が重傷を負った。

　この事故の問題として、「S氏は地元のガイドではない、地元のガイドなら天候の急変はすぐに分かる」という受け止め方が多い。しかし、S氏は日本山岳連盟の認定ガイドであり、屋久島の沢登りの経験は豊富であったが、それでも事故を引き起こしてしまった。さらに、S氏はお客に保険をかけておらず、このことの重要性を地元でも認識すべきである[19]。S氏には執行猶予のついた実刑判決が下されたが、被害者への補償という重大な問題は未解決のまま残されている。

3　登録・認定ガイド制度の出発

「エコツーリズム推進」と登録・認定ガイド制度

屋久島のガイドが組織化されるようになったのは、環境省が二〇〇四〜二〇〇五年度に「屋久島地区エコツーリズム推進モデル事業」を実施し、その一環として屋久島におけるエコツーリズムの推進のために、上屋久町・屋久町両町が中心となり関係一六団体が参加する「屋久島地区エコツーリズム推進協議会」(以下協議会と略称)が設立されたときからである。「協議会」は、エコツーリズムの牽引者として島内ガイドを位置づけ、「屋久島ガイド登録・認定制度」を発足させ、屋久島を楽しむメニューの豊富化、利用の分散による山岳部への負荷の軽減、里の資源を利用したツアーの開発を目指した。[20]

「協議会」の下に、「屋久島ガイド登録・認定運営委員会」が設置され、「登録・認定ガイド」の受付をするほか、ガイドへの苦情の処理やホームページの運営をする。さらに、「審査部会」が具体的な個々のガイドの登録・認定を審査する。[21]

こうした制度的な整備に達するまでに、二〇〇四年一〇月から二〇〇五年九月までの間に実に一六回の作業部会が実施され、総会、臨時総会を経て、多くの議論が重ねられ、コンセンサスが得られた。[22]屋久島観光協会長［肩書きは当時のもの］の柴鐵生氏は、「あの個性豊かなガイドの人たちが、よくここまで粘り強く話し合いを続けてきた」と、こうしたコンセンサスに達した事実を評価している。

屋久島ガイドになる条件は、①屋久町・上屋久町に二年以上居住している者、②保険の完備、③救急法の受講、④各種関係法令や屋久島の基礎知識に関する講習の受講、などを具備していることが挙げられる。またツアー内容やガイド活動などの、情報公開とガイド活動におけるルールの遵守も義務づけられている。

こうして始まった「登録・認定ガイド制度」であるが、二〇〇六年三月現在、九一名のガイドが登録された。登録には二万円の登録料が必要であり、書類不備で登録できなかった者、この時点で二年間の居住歴を満たしていない者など、二〇〇六年八月時点で登録待ちの状態の者を入れると、一四〇名の登録ガイドが存在している。さらに今後登録を目指す予備軍を入れると、二〇〇名前後のガイドが屋久島には存在することになる。[23] 認定ガイドとは、登録されてから一定期間を過ぎたベテランのガイドに与えられる称号である。また、いったん登録されても、定期的に更新をする必要がある。

登録・認定ガイド制度の問題点

だがこの制度にはいくつかの「欠陥」が認められる。現実に屋久島で営業しているガイドのなかで、「すべての」ガイドがこの制度を認め、登録をしているわけではないことである。

まず、自分の意思で登録を拒否している太田五男氏の場合が挙げられる。前節で指摘したように、屋久島ガイドの認定制度の最初の構想は、太田五男氏が始めた。ところがガイド内部の意見一致が見られずに、その構想は挫折した。太田氏は爾来、ほかのガイド業者と一線を画し、独自の路線を進んできた。環境省が推進するこの事業に最初から太田氏は参加していない。また、このガイド制度は

「エコツアー推進」を謳い文句にしているが、「エコツアー」なる名称の下に、屋久島におけるほとんどあらゆる野外活動が実施できるようになっている。

各ガイドは自分の得意分野を申請するようになっているのだが、山、森、沢、川・滝、海、生き物、民俗などの領域から複数の分野を申請するのが普通である。(24) しかし各ガイドが申請した分野でどの程度の知識と実力があるかは、ホームページ上からは読み取れない。特に、山岳、沢登りといった分野では、特別な技能と実績が要求されるが、太田氏のような経験のある山岳登山家をいわば排除するような形で進行してきた「屋久島ガイド登録・認定制度」には不備があるということができるのではないか。ガイドのなかにも人間模様が存在することは事実だが、公平さを欠いた運営はこの制度の将来にも悪影響を及ぼすのではないだろうか。

ガイドのなかには、沢登りを案内するガイドもいる。本格的な沢登りには、ザイルやハーケンなどを利用する高度な技術が要求されるが、そうした資格を持っているガイドは少ない。あるガイドさんの所属している会社では、「西部林道域の沢を登り、淵で泳ぐ」案内をしているが、ザイルは使わないそうだ。二年前の鯛の川遭難事故のような大事故はもはやあってはならないが、このまま放置していると、再び事故の起きる可能性は否定できない。実際、沢登りの際、転落事故を起こし、ヘリコプターの出動を仰いだという事故も起きているのである。

屋久島ガイドの資質を上げるためには、ほかの資格と連動させ、ガイドの実力、実績が目に見える形でお客に提示できるシステムを作ることが必要とされている。こうした意見に対して、前述の作業部会では、「それではそのような資格を持たないガイドの営業権を侵害する」という意見も寄せられているが、悪平等を助長することになるのではないのか。

次に、登録を望んでいるが、受理されないK氏のようなケースがある。屋久島の自然に魅せられたK氏は、一九九六年屋久島に移住し、ナチュラリストとして活動してきた経歴を生かしてエコツアーガイドの会社を九八年設立した。

K氏のユニークなところは、「救助犬」を連れてお客を案内することである。K氏が救助犬育成で実績があるのは事実であるが、国立公園内に事故もないのに日常的に犬を連れていくことは国立公園法に違反している[25]。多くのガイドがK氏の行動に眉をひそめ、なかには公然と批判する者もいる。そのために、日ごろからほかのガイドと衝突がたえず、山中、お客のいる前で殴り合いの喧嘩に発展したこともある。二〇〇六年八月には、警察が現場検証をする事件も引き起こしている。

こうしたK氏も登録ガイドの申請をしたのであるが、「ガイド活動におけるルールの遵守違反」を理由に、登録を拒否されている。しかし、K氏のガイド活動にはなんらの制限もないのが実情であり、「あとは良識に任せる」ということでしかない。

さらに、ガイドの登録には、あるいは継続には、鹿児島県環境文化村で実施される屋久島セミナーに、定期的に参加することが義務づけられている。このセミナーは、館長である田川日出夫元鹿児島大学教授の意図が大きく反映されている。植物生態学者である田川氏の好みのせいか、講師は植物学や動物学に極端に偏っている。

それ以上に、ガイドの資格としてこうした外部講師の学問的な話を聴講することが義務づけられていることの方が重大な問題である。いったい、屋久島のことを語れる主体は誰であるのか、という疑問が生じる。登録・認定ガイド制度は、地元で山の仕事をしてきた人々が「道案内」として、例えば縄文杉登山を案内する、という仕事を奪ってしまった。こうした人々は、屋久島の学問的な位置づけについては無知ではあるが、経験的な体験を語ることはできる。しかし、学問的な裏づけのほかに、無線の資格などを持つことが有能なガイドの条件であり、山中でほかのガイドとたえず無線連絡を取りあって仕事をすることが能力のあるガイドの姿であるという言説が幅を利かせてきた現在、経験のある地元の人間が屋久島のことを語る機会が奪われてしまった。

登録ガイド制度では、里のエコツアーということも重視されているが、経験ある地元の人々は、語り部としてのみ位置づけられ、こうした人々が主体的にガイド業を行なう可能性が実質閉ざされてしまった。ガイドが研修を行ない、たえず相互の啓発を行なっていくべきであることは確かではあるが、ガイドによって語られる屋久島というものが、外部の、あるいは学問の言説だけで完結していいわけがない。

登録ガイドの八割が実は移住者である。そのために、屋久島のことをよく知らないガイドが増えるのを防ぐために、屋久島への居住歴が二年以上という要件が設けられたのであるが、外から見た屋久島像だけがこれからますます幅を利かせていく、という事態に私は危惧を覚える。彼らは屋久島が世界遺産に指定されてから移住してきた若者が大半である。そうしたなかから、ガイドという職業を選択していく道が開けたことは、移住者であれ、屋久島出身者であれ、平等な就業機会を与えているとはいえるが、ガイドとして何をお客に語るのか、という根本的な問題が生じる。登録ガイド制度が進行するとともに、屋久島の語りは標準化され、従来地元が持っていた可能性が消されていくことを恐れる。

4 屋久島ガイドの未来——提言

屋久島ガイドが今後屋久島の環境保全に貢献しながら、職業としてのガイド業を持続的に発展させていくためには、いくつかの課題が挙げられる。

まず、増加する観光客を分散させる努力を今後も継続していくことが重要だが、それには、ピーク時の観光客の利用を制限することが是非必要となっている。例えば、ゴールデンウィーク時の縄文杉登山を制限することが必要だと思われるし、法的には可能である[26]。『朝日新聞』二〇〇三年四月二八日には、「入場制限で自然守る」と題されて、尾瀬、知床、小笠原などで、最高一〇〇〇円の手数料を取って入場を制限する仕組みが検討されていることが報じられている。白神では世界遺産指定地内での立ち入り制限を行なったため、地元のマタギなどの生活が圧迫される事態となり、こうした制限は不評であった。だが白神とは事情の異なる屋久島では是非実現して欲しい。環境省屋久島自然保護館事務所に問い合わせると、そうした施策に積極的ではないのが残念である。

屋久島では屋久杉ランドと白谷雲水峡で、「協力金」という名目で利用者から実質上の入場料を徴収している。その資金で遊歩道の整備、風倒木の除去などの作業を実施しているが、縄文杉登山では、トイレが汚すぎて女性が困っているのが現状であり、その解決策にも利用料の徴収と、利用者の制限が必要である。

また、屋久島の永田地区（田舎浜、前浜など）は、ウミガメ上陸日本一で知られている。二〇〇五年一一月八日には、田舎浜がラムサール条約に登録された[27]。湿地の保護を謳うラムサール条約に海浜が指定されたのは前代未聞であるが、田舎浜の価値が国際的に評価されたことを素直に喜ぶべきであろう。

しかし、観光客の増加とともに、ウミガメの産卵、子ガメの孵化を見るツアーが組まれ、一部のガイドは関係者の不評を買っている。鹿児島県の環境文化村もそうしたツアーを後押ししているから、始末が悪い。

ウミガメ産卵地は、鹿児島県のウミガメ保護条例で保護されているが、屋久島のように多数の観光客が事実上無原則に押しかける事態となってくると、問題点も見えてきた。永田のウミガメ保護ではNPO法人の「海亀館」（大牟田一美代表）が長い実績を誇っている。しかし、一九九六年「永田海亀連絡協議会」が発足し、毎年五月一五日から七月末まで「ウミガメ観察会」を実施している。最初は前浜だけであったが、二〇〇一年からは田舎浜でも実施している。

この観察会は、予約制で一晩八〇人の定員が設けられてはいるが、実際は守られていない。また、大人七〇〇円、高校生五〇〇円の協力金を徴収している。パンフレットによると、ウミガメの保護、海岸の清掃などを謳っているが、その決算報告が明瞭ではない。そもそもこの団体は、永田地区とは無関係の任意団体であるが、行政当局はその存在を公認している。

問題は、ウミガメ観察のあり方である。ウミガメが上陸する時間はまちまちで、深夜まで待たないとならないこともよくある。また、七月末になると、ウミガメの上陸が極端に少なくなってくるので、一頭が上陸すると、先を争って「観察」が行なわれる。また、早い時期に産卵した場所の近くに産卵することもあり、そうした場所は立ち入り規制のロープが張られているのだが、上陸頭数が少なくなるとそうした規制線を無視して産卵地を踏み荒らす事態となっている。結果的には、こうしたウミガメ観察会が、子ガメの孵化を妨害するという結果になっている。

このウミガメ観察に、一部のガイド、民宿、ホテルが「ナイトツアー」と称して参加し、一晩に五〇〇〇~八〇〇〇円の料金を徴収している。このようなツアーで料金を徴収すると、ウミガメの産卵を見せることが目的となり、その分、現地では何が何でも見せて欲しい、という圧力に転化する。そうなると、ウミガメの保護といった側面は後退し、自然観察という本来の目的はないがしろにされてしまう。見せるのであれば、もっと責任を持って見せて欲しいものだ。

屋久島の登録・認定ガイド制度は、環境省のエコツーリズム推進事業の一環として実現した。自公与党は、二〇〇六年秋の臨時国会に「エコツーリズム推進法案」を上程しようとしている[28]。自然保護を図りつつ、観光（業者）と地元の発展の三つの条件を満たすべき新たな旅が「エコツーリズム」から生まれてくる、とのことであるが、法律まで通して実現すべき課題とも思われないし、また現実にはそうした理想の実現には困難と矛盾が生じるだろうと予想される。

何をもってエコツーリズムというかという問題がある。ガイドの目から見ると、エコツーリズムもマス・ツーリズムもそこには大差はない場合がある。多くのガイドが大手旅行社とタイアップしてお客を取っているのが実情であり、場合によっては二〇人以上のマス・ツアーを扱うこともある。そうした場合、数人のガイドをあてがうだけで、全体としてはマス・ツアー型と同じであり、自然に対する負荷という点ではなんら違いはなくなる(29)。

屋久島が今後「細く長く」生きていくためには、自然の過度な利用は絶対に避けなければならない。総量規制という方針を早く実現すべきである。ガイドという職業の誕生が、そのような屋久島の持続的な発展にどのように貢献できるのか、そこが問われている。

【注】

(1) 改訂増補版の最終原稿を整理している段階で、『世界遺産屋久島——亜熱帯の自然と生態系』(朝倉書店、二〇〇六年)の第V部「世界遺産屋久島の利用と保全」の第二章で、「屋久島におけるエコツーリズム」が論じられていることに気づいた。内容は詳細ではあるが、本稿の趣旨を改めなければならないほど認識上の問題点はないと判断した。

(2) http://www.mlit.gojp/crd/chirit/pdf/genki/yakushimapdf#search

(3) この論争の詳細については、本書二一四~二一八頁参照。拙論「開発と環境の人類学——共生と持続性をめぐって」『新訂文化人類学——文化的実践知の探求』江淵一公・松園万亀男編、放送大学振興会、二〇〇四年、八八~九二頁参照。また、放送大学放送授業『文化人類学』(〇四~〇七年度)第六回「開発と環境の人類学——共生と持続性をめぐって」の屋久島における開発と自然保護をめぐる議論を参照のこと。

(4) 注(2)のURL参照。屋久島への観光客の正確な数は分からない。そこで、空港、港の年間利用者数(入り込み数)で推定するしかない。この数字には観光客と同時に島民の数字も入っているが、島民の利用数は、そう増加していないはずである。二〇〇六年は、「前年世界遺産に登録された知床ツアーを旅行社が多数組んでいるため、屋久島への旅行者は少ない」としばしば聞いた。
（5）林野庁屋久島森林保全センター発行の月刊ニュースレター「洋上アルプス」の統計資料による。
（6）数年前から、屋久杉ランドよりも白谷雲水峡を訪れる観光客の数が多くなった。屋久杉ランドには大型バスで訪れるマス・ツアーの客が多いのに対して、白谷にはマイカーで入る客が多い。
（7）二〇〇六年九月二三日環境省主催の「エコツーリズムフォーラム」（東京ビッグサイト）での屋久島ガイドの中田隆昭氏の発言。
（8）http://www.kikasete.net/marketer/mk_enqresult.php
（9）一九八六年四月創刊。一九九五年、NTTタウン誌大賞受賞。
（10）同右「フォーラム」での柴氏の発言。ホテル、民宿の中には、屋久島観光協会に入会しない施設もあるので、柴氏の発言はそうした施設を含んだ数字だと思われる。
（11）宮之浦から、安房、尾之間に至る地域に屋久島の人口の八割は集中している。
（12）こうした素泊まり型の民宿の中には、一人一泊二〇〇〇円〜二五〇〇円という値段を設定している民宿も現われていて、主に若い登山者の宿泊施設になっている。
（13）太田五男「屋久島の山岳遭難」『屋久島の山岳――近代スポーツ登山65年の歴史と現在』南方新社、二〇〇六年。
（14）先の「フォーラム」での柴氏の発言。
（15）山中でセクハラをする、植物を採集する、タバコを捨てる、ほかのガイドの悪口を平然と言うなど。
（16）一人のガイドが最高何人まで案内できるかという協定はない。一人で一〇人以上の客を案内し、一日で一五〜二〇万円も荒稼ぎするガイドもいる。
（17）『朝日新聞』一九九九年一一月一五日。
（18）『北海道新聞』二〇〇五年一一月一四日。
（19）屋久島自然史研究会HP、二〇〇六年二月九日。
（20）「平成17年度屋久島地区エコツアー推進モデル事業業務報告書」二〇〇六年、株式会社メッツ研究所、一頁。

(21) 同四頁。

(22) 同一三頁。

(23) 登録ガイドにならなくても、ガイドの仕事はできる。インターネットが駆使でき、旅行社とのつながりがあれば、十分営業していける。

(24) ダイビングだけは特別な資格がいるので、海の案内ができるというガイドはほかと重複することは少ない。

(25) サル、シカが怯えて逃げ出すことがよくあるそうだ。また病原菌を野生の動物に移してしまう可能性も指摘されている。

(26) 自然公園法第一五条では「特別地域内に特別調整地区を指定」可能とされている。

(27) 二〇〇二年二月一九日、霧島屋久国立公園の公園計画の変更があり、田舎浜、前浜、白谷雲水峡などが国立公園に編入された。

(28) 前述の「フォーラム」における盛山正仁衆議院議員の話。

(29) 前述の「フォーラム」で、屋久島ガイドの中田隆昭氏は、修学旅行で白谷雲水峡を訪れた学校のことを紹介している。「たとえいくつかのグループに分かれて歩いたとしても、総数は変わらず、自然への負荷は大きい。また白谷の遊歩道が年々整備され、今では三人が並んで歩けるほどに拡幅されていることは、自然の姿をゆがめる」と警告していた。

補章3 屋久島のエネルギー問題(1)

――電力供給の公共性

屋久島でのエネルギー源のほとんどすべては、第2章で述べた尾立ダムで発電された電気による。当初、その発電で得られた電力は屋久島電工で使用する工業用電力がほとんどで、民需用としてはそう期待されていなかった。しかし、余った電力を各集落の要望に基づいて民需用としても供給し始めた。そして、島民の生活のレベルが上がると、人口が減少したにもかかわらず、民需用電力の需要が高まってきた。

雨の多い屋久島でも渇水期には電力不足を起こす。梅雨明けから台風シーズンの到来までがもっとも雨が少ない季節で、また尾立ダムのある水系で降水がなければ、発電用の水が不足する事態となる。そのようなとき、あるいは保守点検などの際には、屋久島電工では重油を焚いて、自家発電を行ない、当座をしのいでいる。

工業用としては電力不足であり、工場を止めて全部民需用電力として使うには、余剰が多すぎる。また、現在屋久島には四つの異なった配電組合/会社があり、それぞれ「独自の」料金体系を持っていて、統合がなかなか進まない。

電力の供給というきわめて公共性の高い事業を、一民間企業が担っていること、また、配電事業も料金やサービスの足並みがそろわないなど、体系的な電力供給体制が整っておらず、その安定性、将来性において大きな矛盾が存在する。

屋久島における発電事業

P：屋久島の周囲は暖かい黒潮の本流に囲まれ、平地がほとんどなく、一〇〇〇メートルを超える急峻な山が多いため、近海からの水蒸気が山の斜面を上昇して雲となり、多量の雨を降らせます。山岳部では年間八〇〇〇ミリメートル、海岸部では四〇〇〇ミリメートルを超える降水量です。これは東京の年間降水量の三〜四倍です。また丸い島ですから、集落によって天気が違うことがあります。島の東海岸部の年間降水量が四五〇〇ミリメートル余りに対し、西海岸部は二五〇〇ミリメートルほどと少なくなっています。

降水量が多く、狭い地域でかなりの標高差があるので、水力発電に適した地域といえます。屋久島では水は重要な資源です。

Q：尾立ダムができるまでの島での電力はどういう状況だったのでしょうか？

A：当初、屋久島の民間用電力は各集落が所有する小型の水力発電機により発電し、各家々に供給していました。それ以前はランプ生活でした。昭和三五年（一九六〇）の尾立ダム完成後、屋久島電工が水力発電による電力生産を行なうようになりました。そして、島内の民需用電力も供給する役割を担うようになりました。現在も引き続き、屋久島電工が電力生産を行なっています。

屋久島電工関係者の説明では、民需用電力は現在全発電量の一〜二割であるが、これを五〜六割程度にまで高められると工場は必要ではない、という意見もあった。だが、一気にそこまで持っていくにはクリアしなければならない問題も多いので、悩ましい状況です。

当初、民需電力の供給というよりは、工業製品を作るための発電だったので、民需用は計画されていなかったと思われます。最初は屋久島のど真ん中、小杉谷の中心部に巨大なダムを造り、種子島を経由して、遠く北九州にまで送電する計画もありましたが、それは実現せず、荒川水系に現在の尾立ダムが竣工しました。

工場関係者の中には、今でも、「あの時に屋久島のど真ん中に大きなダムを造っておれば、現在のような電力不足に陥ることもなかったのに」と悔しがる人もいます。もちろんそれが実現していれば、屋久島が世界遺産に登録されることもなかったわけで、この時の決断が現在の屋久島を導いた要因ということができます。

P：昭和二七年（一九五二）に電工の前身である屋久島電気興業が操業しました。その後、社名変更により屋久島電工が設立されました。現在、商社・建設事業・運輸業・旅行代理業等の幅広い事業活動を行なっており、屋久島における総合企業体になっています。主な事業としては、研磨剤や耐火材に使用される炭化硅素の製造および島内への電力供給の二点があります。炭化硅素とはダイヤモンドに匹敵する硬さを持つ素材であり、さまざまな製品に使用されています。

発電事業では、三基の水力発電設備、一基の火力発電設備、三基の重油タンクを保有し、島内全域に供給しています。屋久島の特異な気候を生かし、水力をメインとして発電します。火力は全体の発電量の三〜五パーセントであり、渇水時、設備点検の際に発電を行なっています。尾立ダムには、安房川本流水系の一部から給水されているが、渇水時の水不足を補えるほどの量ではありません。

まず千尋滝発電所（鯛の川の千尋滝とは別）ができ、それにより、ダム建設用の電源を開発しました。次に、尾立ダム、通称荒川ダムができてからは、約三〇〇メートルの落差を生かし、水は安房川第一発電所へと運ばれ一回目の発電が行なわれます。その後、一回目の発電に使われた水は安房川第二発電所へと誘導され、二回目の発電が行なわれます。この安房川第二発電所は、水力発電に必要な高低差を最大限に生かすために、地下に設置されています。最後に発電に使われた水は安房川へと放水されていきます。

一社三組合体制の配電状況

Ｐ：現在、屋久島電工が発電した電力によって、屋久島のほぼ全域がカバーされています。全発電量における島内民需用への電力供給の割合は毎年二〜三割程度となっています。二〇〇七年は二四・六パーセントと比較的高い数字でした。二〇〇三年度は二〇パーセントであり、夏季の猛暑や島内の電力供給の高まりから、上昇傾向にあります。全発電量の残り八割は、炭化硅素の製造に使われています。

現在では一社三組合が配電事業を行なっていますが、その電力のほとんどは屋久島電工が供給します。九州電力が西部林道および永田地域を担っています。宮之浦から、屋久島空港のある小瀬田地区をカバーしている上屋久町施設協同組合、安房地区を担当する安房電気利用組合、屋久島の南半分を担当するのが種子屋久農協です。

尾立ダムでの水力発電以外に、ごく少量を九州電力が永田地区の嶽之川発電所で行なっています。あと、個人的にソーラーパネルを取りつけて、自家発電を行なっているケースもありますが、その理由はさまざまです。

Q：こうした状況の抱える問題の本質はどこにあるのですか？

A：結局、民需用電力が伸びるのに対して、屋久島電工はどこまで責任を負うのかという問題です。一私企業である屋久島電工が、電力供給というきわめて公共性の高い事業を行なっているのですが、そこの根本的な問題が議論されずに今まで進んできました。現在では屋久島電工が民需用電力の供給を止めることはできなくなっています。

Q：一社三組合が電力供給に関わっているのですが、どこに不都合があるのでしょうか。

A：同じ島でも電力供給の各種サービスに差が生じていることです。例えば、電柱を一本立てる値段や電気料金が異なります。その問題について、二〇〇一年一月二四日、屋久島の電力供給は九州電力に任せたいという話が三組合側から出ました。それを受けて、「屋久島内の電力供給条件が一つにまとまれば引き受ける」と九州電力は返答しましたが、いまだに統合案はまとまっていません。

九州電力の管轄では、電柱一本の設置料金は数万円です。ところが、他の三組合は一本三〇万円くらい請求されます。離れたところに家を建てようとすると、例えば電柱一〇本分の設置料金を自分で負担しなければならないとなると、三〇〇万円もかかるわけです。九電管内では、本土での料金設定と同じにしているので、これは大きな差ですよね。

Q：電気料金そのものに差はあるのですか？

A：電気料金はキロワットあたり数円しか違いません。何万円もというわけではありません。配電の設備費が大きく異なるということです。

Q：一つの島で何組合も配電を行なう組合があるのは日本で珍しいのですか？

A：二〇〇七年一〇月まで屋久島は、上屋久町と屋久町の二つに行政的には分かれていたので、二分されていたならともかく、四分ですから、驚きです。

Q：発電事業と配電事業が分かれているのも珍しいですね。東京電力なんかは両方行なっていますしね。

A：屋久島には電気を供給する公的な企業がありません。屋久島は鹿児島県の管轄なのに、九州電力ではなくて屋久島電工が生産を行なっているのは不思議ですね。まあ、離島ですからね。九州の離島をすべて九州電力がカバーしているかというとそうでないですよ。統合が難しい要因として、それぞれの組合が独自の電力料金を設定していて、組合の中にはだいぶ黒字を出す組合もあるそうです。利益を組合員に還元するのではなく、幹部職員が海外旅行に使っているとの話を数年前に聞きました。

電力供給の公共性

P：しかし、この間の経緯を整理すると、一私企業にすぎない屋久島電工が、島の民需要の電力のほとんどすべてを賄わないとならないという公共性を担っているという矛盾にすぐ気がつきます。

Q：屋久島のような離島になぜ、こんな化学工場が存在するのか、正直いってよくわかりません。船から屋久島に入る際、港が近づくと、工場の煙突がまず目に入ってきますので、「自然の宝庫屋久島」というイメージとのミスマッチに大いに当惑します。

A：屋久島電工の歴史を見ていくと、操業してから四～五年で赤字になり、首切りが始まりました。最初は上屋久町のほとんどの人々は電工と何らかの関わりを持って生活していました。地元の人間を雇用するという条件で、人々は土地を提供し、工場が作られたのです。

屋久島のような離島にこうした化学工場が存在するということの最大の理由は、「安い」電力が大量に供給できるというメリットがあったからです。しかし、一九六〇年代半ばから、途上国からのより安い製品が入ってくるので売れなくなった。現在では従業員がスタート時よりもかなり少なくなっている。それでも、現在では「ダムの建設費用の償還が操業後五〇年で終了し、途上国の製品に負けないくらい価値が高い製品を作ることができるようになったので、最近は景気がよい」と、工場関係者もおっしゃっていました。

屋久島に重油を焚く火力発電所があることは全く知られていません。重油の輸送費がかかるし、発電所のメンテナンスにもお金がかかる。重油の消費額は年間八～一〇億円ぐらいということでした。屋久島電力だけではなく、島内にある「縄文水」というミネラルウォーターの会社でも殺菌のために重油を焚いて発電をしています。

Q：屋久島電工は民需要電力の供給以外に、どんなことを担っているのでしょうか？

A：屋久島電工は自分の管轄地域を越えて事業を行なっています。例えば、台風時の停電の際に住民から屋久島電工にクレームが来て、電線を修復するなどの対応をしなければならない。あるいは、登山中に怪我をした人を、トロッコで助けに行かなければならない。そのようなことまで行なっていると電工関係者の方はおっしゃっていました。

縄文杉登山道に電気を引くときに、「屋久電（屋久島電工）が行なった」と電工関係者が言っていたでしょう。その工事にはいくつか分担があって、小杉谷の登山口までは屋久電が担当して、その先は林野庁が担当でした。もともと、国立公園地域の管轄地域は林野町と環境省だと思います。電工がケーブルを敷き、電力を供給しました。

しかし、本音では屋久電はそうした事業に不満を持っています。「屋久電がやらなければどの会社がやるのか」と電工関係者はおっしゃっていた。そういう意味で、一種の公共性を負っています。しかし、だからといって表だって、そのような責任を負おうとはしていない。なぜならば、屋久島電工は私企業であり、儲からない事業はしたくないからです。

Q：マスコミが報じる屋久島と、実際に行ってみる屋久島では違いますね。島に入るとすぐ屋久電の煙突や重油タンクが見えます。そのギャップは大きいですよね。重油を焚けば焚くほど赤字になるんですよね？

A：永田地区の嶽之川発電所で発電しているとはいっても、その組合員全員に供給できるほどの発電量はありません。九電管轄域にも配電を行なっています。そのおかげで永田地区は安い電気料金で生活しています。

代替エネルギー構想

P：屋久島電工は、民間の太陽光発電に対して消極的であり、赤字である火力発電を行ないつづけています。太陽光発電では、各家庭で発電した余剰電力を買い取らなくてはならないので、推奨していない。それでも電工は屋久島の現状には満足してはいません。屋久島での代替エネルギー構想はどこまで進んでいるのでしょうか？

A：屋久島における代替エネルギー構想では、いろいろ試行錯誤がなされてきました。屋久島電工では、風力発電の可能性を探りま

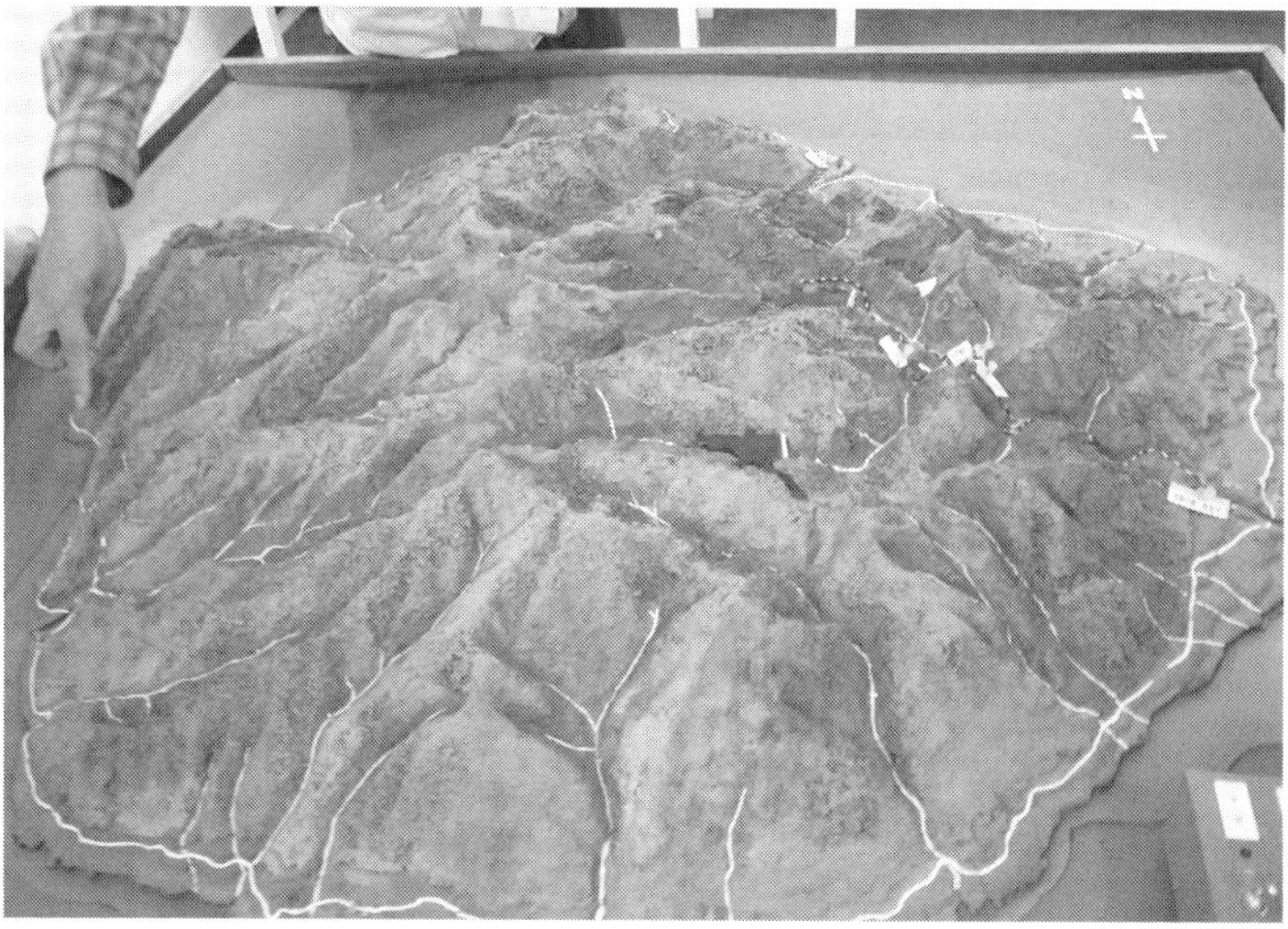

屋久島電工による過去の新ダム建設計画案

したが、実現しませんでした。風力発電は大きな風車を回しますので、屋久島のように地形の複雑なところには適していないようです。

地熱発電は大いに可能性がありそうなものですが、代替エネルギー構想には入っていませんでした。電工は全く考えてないようです。永田から見える小さな火山島がありましたが、あれが口永良部島で、この島は活火山です。地下、三〇〇メートルも掘れば、温泉が出るので、この熱エネルギーを利用しない手はないと思われるのですが、発電はできても、コスト的にペイするかどうか大きな問題でしょう。少なくとも現在の尾立ダムは、廃棄しなければならないでしょう。

Q：口永良部の電力はどうなっているのでしょうか？

A：口永良部島では、小さな火力発電を行なっています。住民が三〇〇人ぐらいしかいないので、大きな発電所はいらないのです。

P：屋久島電工は水力、火力の代替エネルギーとして、風力、太陽光、バイオマス、水素エネルギーの調査をしました。風力は発電用道路の建設や風力のムラをなくす機械の設置、配電設備の敷設が必要です。太陽光は先ほど話したようにエネルギーを買い取る必要が出たり、不要になったソーラーパネルが廃棄物として出されます。これら二つの代替エネルギー構想を実現するのは現状では不可能です。代替エネルギーとして最も可能性のあるのはどれでしょうか？

A：バイオマスは検討中ですが、資材を手に入れるまでの移動費が高いと考えられています。水素エネルギーは屋久島電工、本田技術研究所株式会社と鹿児島大学、神奈川大学などと共同研究をして水素自動車を作りました。二年間走行データを取りましたが、販売すると一億二〇〇〇万円にもなり、採算が合いませんでした。効果的な代替エネルギーはまだ見つけられていません。

屋久島電工以外に電力供給を行なう企業がなく、万が一の倒産などで電力供給が不安定になる可能性があります。火力発電の代わりとなる代替エネルギー構想は諸要因により現在実現には至らず、大規模な水力発電は、世界遺産に登録されたため、新しいダム建設などが難しいのでできません。

Q：屋久島におけるエネルギー問題を根本的に解決する見通しはあるのでしょうか？

A：屋久島電工は一般電気事業者になりたいが、そのためにはダムが小さすぎる。屋久島電工が電気事業者として生きていくためには、もっと大きなダムが必要なんです。もし、大きなダムが建設できれば種子島などにも電力供給を行なえますので、それだけで十分採算がある。しかし、そのための新規の大型ダムを建設することは、世界遺産になった今、不可能なことです。

P：ほかに水力発電をやっているところは永田以外にないのでしょうか。

A：民需要電力を賄うために、大きなダムを造るより、以前のように小型の水力発電をいくつか作った方がいいと思います。白谷雲水峡では、白谷川の上流部から水を引き、雲水峡入口でタービンを回して、雲水峡で使う電力を自分で生産しています。ここは、全国の小規模水力発電所のモデルケースに選ばれているほどですが、こうしたものを各集落で今後作っていくべきでしょう。

Q：個人でソーラーパネルを付けている人はどういう仕事をしているのでしょうか？

A：移住してきた人の話を聞いたのですが、その人は「電気がないから、家はソーラーパネルを付けている」とおっしゃっていた。ソーラーパネルは一台設置するのに三〇〇万円くらいかかります。二人家族程度ならこれで十分でしょう。特に離れた場所に家があって何十本も電柱を立てないと電気を引っ張ってこられないところは、ソーラーパネルの方が安上がりになります。電柱代の設置費用だけで何百万円とかかりますので、太陽光発電を選ぶのではないでしょうか。移住者のなかには、昔からの集落から離れたところに——ほとんど住宅地としては考えられなかった高地に——別荘のような家を構えている人が結構いますので、そういう人たちは太陽光発電をしていると思います。

ただ、あまりほかの集落から離れた山中に家を建てることは歓迎されていません。生活排水の処理が完全にはなされずに、川に流されますので、川下の住民は非常に嫌っています。

Q：移住者以外にどのようなところで太陽光発電が行なわれていますか？

A：千尋滝展望台に売店があり、そこでは太陽光発電を行なっていますね。そこは、地元の集落が経営しているのです。集落が金を出し、パネルを設置したのでしょう。そして宮之浦港付近の環境文化村中核センターも太陽光を使っていますね。それで必要なエネルギーのすべてを賄えるかどうかは分かりません。

Q：屋久島が、仮に世界遺産登録をされなかったと仮定すると、電力の消費量は今のように多くはなかったのではないでしょうか？　観光客が増えたから電力需要が急速に上昇したのではないでしょうか？

Ａ：その意味でも世界遺産登録のメリットとデメリットの両方があるわけですね。人口減少に歯止めがかかったことは特筆すべきことでしょう。日本の離島でそんな例はありません。しかし、世界遺産登録時点ではこんなに観光客が増えるとは予想できませんでした。

他地域でも村おこしの一環として世界遺産を利用するようになった。登録前は土建業や営林署の山の仕事が一般的な仕事だったんですよ。登録後は土建業のような仕事は衰退していきました。そしてそれ以外の方法で飯を食うのだという共通の認識はできてきたと思います。世界遺産登録がその岐路になったことは事実です。

Ｑ：尾立ダムだけでは十分とは誰も思わないですね。ですが、それ以外に需要を賄うためのダムを造るとすると、島中ダムだらけの島になってしまいますね。世界遺産の土地と電力問題は、屋久島だけの問題ではないと思いますが、いかがでしょうか？

Ａ：ゼミ生の発表で、タスマニアについて取り上げた発表がありましたが、私もその発表に大きな刺激を受けました。タスマニアにも世界遺産の中にダムがあり、屋久島と同じ問題が起きているんです。タスマニアは五〇万人弱の人口がいて、北海道ほどの面積ですから、屋久島と単純に比較はできません。島内にさまざまな工業がありますが、そこに電力を供給するために水力発電を行なっているのです。世界遺産登録は一九八二年ですね。世界遺産のなかに人工物は作るべきではないという反対運動やダムを壊すべきだという運動もあります。屋久島について考えてきたことが、世界の他の地域で起きている問題の解決に繋がるのではないかということを痛感しました。

【注】

（1）二〇〇八年度法政大学地域リーダー育成助成金を得て、中島ゼミの学生五人と中島が、二〇〇八年一〇月末から三泊四日で「屋久島のエネルギー問題」というテーマで現地研究を行なった。その成果は二〇〇八年一二月の法政大学国際文化学部学会で発表された。その後、他のゼミ生を交えた座談会を行ない、その記録をCDにまとめ、研究成果として大学に提出した。今回その座談会の記録を、中島の責任で書き直した。参加ゼミ生の氏名は以下の通りである。岩下健太、佐藤勝昭、露木知恵子、福島利恵、松島奈央、藤田清香、深澤麻里絵、金井匡未。

この調査では屋久島電工の関係者にお目にかかり、貴重な時間を割いていただき、お話をする機会を与えていただいた。しかし、本稿の内容はそうした関係者のチェックを経て公表するのではないので、ご氏名を記すのは控える。

なお、本文中での記号は次の通りである。P：学生の発表、Q：学生の質問、A：中島の回答。

【著者紹介】
中島　成久（なかしま・なりひさ）

1949年 屋久島生まれ。屋久島の宮浦小学校、宮浦中学校、屋久島高校を経て、
1973年 鹿児島大学法文学部法学科卒業
1978年 九州大学大学院教育学研究科博士課程文化人類学専攻中退
1978年 九州大学教育学部附属比較教育文化研究施設助手
1981～82年 インドネシア、カジャ・マダ大学留学
1982年 法政大学第一教養部助教授
1987年 コーネル大学東南アジアプログラム客員研究員（1年半）
1992年 法政大学第一教養部教授
1995年スタンフォード大学客員研究員
2000年 法政大学国際文化学部教授、2003年大学院国際文化研究科教授を併任
専攻：文化人類学、政治文化論
著書：『言挙げする農民たち――インドネシアの土地紛争』（創成社新書、近刊）、編著『グローバリゼーションのなかの文化人類学案内』（明石書店、2003年）、『ロロ・キドゥルの箱――ジャワの性・神話・政治』（風響社、1993年）
訳書：アン・ローラ・ストーラー『プランテーションの社会史――デリ／1870-1979』（法政大学出版局、2007年）、ベネディクト・アンダーソン『言葉と権力――インドネシアの政治文化探究』（日本エディタースクール出版部、1995年）
Eメールアドレス：nnaka@hosei.ac.jp

森の開発と神々の闘争
改訂増補版　屋久島の環境民俗学

2010年10月30日　初版第1刷発行

著者　中島成久
発行者　石井昭男
発行所　株式会社　明石書店
〒101-0021　東京都千代田区外神田6-9-5
電話　03（5818）1171
FAX　03（5818）1174
振替　00100-7-24505
http://www.akashi.co.jp
組版／装丁　明石書店デザイン室
印刷　株式会社文化カラー印刷
製本　本間製本株式会社

（定価はカバーに表示してあります）　ISBN978-4-7503-3291-8